꿈으로 피어나는 내일

우리의 내일은
오늘보다 더 향기롭다

꿈으로 피어나는 내일

초판 1쇄 발행 2025년 10월 20일

지은이_ 여은주 이수민 전소미 최은경 전춘화
펴낸이_ 황태옥
펴낸곳_ 꿈나비북스
인쇄처_ (주)북모아
디자인 스튜디오- 폴리오903

주소_ 경북 포항시 남구 효성로 11
전화_ 080-610-7005
이메일- okst77@naver.com

ISBN: 979-11-995304-0-9
정가:16,000

이 책은 저작권법에 따라 보호받는 저작물이므로
무단 전재와 무단 복제를 금지하며
이 책 내용을 이용하려면 반드시 저작권자 꿈나비북스와
도서출판 창조와 지식의 서면동의를 받아야 합니다
잘못된 책은 구입처나 본사에서 바꾸어 드립니다.

본 도서는 〈두류젊코 상권활성화사업〉으로 제작된 책입니다

꿈으로 피어나는 내일

여은주 · 이수민 · 전소미 · 최은경 · 전춘화

우리의 내일은 오늘보다 더 향기롭다

꿈나비 BOOKS

지은이 소개

5인 5색
꿈, 희망, 도전, 성장, 향기 스토리

- ☑ 여은주: 대구가톨릭대학교 메디컬뷰티전공, 이학박사
- ☑ 이수민: 탐구하며 삶과 자연, 사람을 연결하는 일
- ☑ 전소미: 책읽기의 매력에 빠짐, 빅데이터응용 전공
- ☑ 최은경: Amway Business Owner, 호텔조리학 전공
- ☑ 전춘화: 대구대학교 글로컬라이프대학 겸임교수

"내일은 아직 오지 않았지만
우리의 꿈은 이미 오늘 피어나고 있다."

들어가는 글

이 책은 두류젊코문화센터 '나만의 책 만들기' 과정에서 10주 동안 써 내려가고 다듬은, 다섯 분의 생생한 이야기이며 『꿈으로 피어나는 내일』은 각자의 삶 속에서 길을 잃고 다시 찾아가며, 희망과 용기를 품어낸 이야기를 담고 있습니다.

삶은 언제나 선택의 연속이고, 그 선택의 끝에는 늘 '꿈'이라는 이유가 있었습니다.

여은주 작가는 삶의 나침반을 통해 자신을 새롭게 발견하고,
이수민 작가는 청춘의 불완전함 속에서도 멈추지 않았고
전소미 작가는 다시 일어나 꿈의 방향을 바로 세우며
최은경 작가는 평범한 일상 속에서 희망의 순간을 피워냅니다.
전춘화 작가는 향기를 통해 삶을 더 향기롭게 채워갑니다.

이 책은 화려한 성공담이 아니라 우리 모두가 겪는 평범한 하루 속에서 피어난 '진짜 성장'의 기록입니다.

때로는 길을 잃고 때로는 멈춰 서더라도 다섯 명의 작가는 한결같이 말합니다.

"내일은, 여전히 꿈꿀 가치가 있다."
『꿈으로 피어나는 내일』은 멋진 오늘을 살아가는 당신에게 작은 용기와 따뜻한 위로를 전하는 책입니다.

삶의 길 위에서 잠시 숨을 고를 때, 이 책이 당신의 마음에 다시 일어설 힘과 희망의 향기가 되길 바랍니다.

책으로 꿈을 디자인하는, 황태옥박사

목 차

지은이 소개   - 4
들어가는 글   - 6

1장 여은주 : 내 삶을 바꿔준 나침반   - 10
2장 이수민 : 청춘은 계속된다   - 31
3장 전소미 : 희망의 순간들   - 57
4장 최은경 : 꿈꾸며 다시 일어서다   - 84
5장 전춘화 : 향기로운 삶, 아름다운 세상   - 109

작가별 이야기 요약   - 127
에필로그 - 131

5인5색

첫째 이야기

1장

내 삶을 바꿔준 나침반

▎ 여은주 작가 ▎

- 📝 대구가톨릭대학교 메디컬뷰티전공 이학박사
- 📝 패션N뷰티연구소 대표
- 📝 구미대학교 의료뷰티디자인학부 초빙교수
- 📝 한국열린사이버대학교 뷰티건강디자인학과 겸임교수
- 📝 대구가톨릭대학교 뷰티케어학과 겸임교수
- 📝 경북보건대학교 뷰티디자인학과 겸임교수
- 📝 K뷰티전문가연합회 이사 (대구지회장)
- 📝 K뷰티테크닉션협회 이사

▎ 연락처
- 📝 이메일 : yeo7007@naver.com
- 📝 인스타 : yeoeunjoo7

남자야 여자야

나는 어릴 적 누구보다 조용한 아이였다. 소리 내어 말하는 것이 낯설고 사람들 앞에 서는 것도 두려웠다. 그런 성격은 내 외모와도 묘하게 어울렸다.

짧은 머리, 작은 눈, 단정한 표정. 동네 어른들은 종종 엄마에게 물었다.

"얘, 아들이야? 딸이야?" 엄마는 당황한 듯 웃으며 대답하셨다.

거울 속 나는 쇼컷에 뚜렷한 이목구비, 그래서였을까. 사람들이 지나며 "쟤 남자야? 여자야?" 수군대는 소리를 어린 나는 수도 없이 들어야 했다.

가장 선명한 기억은 동사무소에서였다. 엄마 심부름으로 간 그곳에서 용기 내서 말을 건네자, 직원은 깜짝 놀라며 물었다. "너, 남자야? 여자야?" 옆 직원이 웃으며 말했다.

"목소리는 여자네… 여자야."

그 순간, 어린 나에게 큰 충격이었다. 그날 이후 '남자냐 여자냐' 질문은 내 삶의 그림자처럼 따라다녔다.

학교에서도 나는 늘 조용했다. 발표 시간만 되면 심장은 터질 듯 뛰고, 손끝은 얼음처럼 차가워졌다. "답할 사람?"이라는 질문에도 나는 결코 손을 들지 못했다.

무대 위, 마이크 앞은 내 자리가 아니었다. 그러나 나에겐 또 하나의 특징이 있었다. 바로 목소리였다. 사람들은 한결같이 "목소리가 참 예쁘다", "성우 해도 되겠다", "라디오 DJ 같다"고 말했다. 나는 부끄러워 웃어넘겼지만 지금 생각하면 그것은 나만의 재능이자 선물이었다.

그 목소리는 지금 강의할 때 큰 힘이 된다. 조용하지만 따뜻하고 또렷한 음색은 학생들에게 쉽게 스며들고 집중력을 높여준다.

말의 진심을 전하는 데 있어 내 목소리는 분명 나의 동반자다. 그리고 나는 이제 사람들 앞에서 말하고 있다. 대학 강의실에서 학생들의 눈을 바라보며 지식과 삶을 전하는 사람이 되었다.

참 신기하지 않은가. 어린 시절의 나에게 "언젠가 많은 사람 앞에서 이야기하게 될 거야"라고 말한다면 나는 아마 고개를 저었을 것이다. 하지만 시간은 사람을 자라게 하고 삶은 우리를 단련시킨다.

작은 목소리로 시작된 나의 이야기는 지금 누군가에게 울림이 되는 강의가 되었고 조용했던 나는 이제 당당히 말하는 사람이 되었다.

무대에 설 때마다 나는 여전히 그 조용했던 아이를 떠올린다. 사람들 앞에 서는 일이 그 아이에게 얼마나 멀고 낯선 세계였는지를 기억하며 이 자리에 오기까지의 모든 순간에 감사하다.

조용했던 내가 오늘의 내가 된 것처럼 그 목소리로 오늘도 누군가의 마음에 작은 울림을 전할 수 있음에 그저 감사할 뿐이다.

세상에서 가장 소중한 이름

 세상에는 소중한 것이 참 많다 누군가는 오래된 인형을, 또 누군가는 마음을 나눈 친구를, 어떤 이는 간직한 꿈을 가장 소중하다고 말한다. 하지만 나에게 세상에서 가장 귀한 존재는 언제나 변함없이 엄마였다.

 어릴 적 나는 연약하고 겁이 많았다. 사람들 앞에 나서는 것이 두렵고 사소한 일에도 쉽게 상처받곤 했다. 그런 나를 늘 든든하게 지켜준 사람이 엄마였다.

 고단한 하루를 마치고 돌아온 엄마는 내 작은 이야기에도 귀 기울였고 한숨을 내쉴 때마다 조용히 손을 잡아주었다. 그 손끝에서 나는 말로 다 하지 않아도 전해지는 사랑을 느꼈다. 엄마는 언제나 나를 믿어주는 사람이었다. 내가 나 자신을 의심할 때조차 "그래도 너는 할 수 있다"는 한마디로 내가 꿈을 놓지 않도록 붙잡아 주셨다.

금전적으로 어려운 시절에도 "세상에서 가장 작은 근심이 돈 걱정이야. 그러니 힘내." 그 말은 내 마음을 단단히 붙들어 주었다. 엄마의 믿음과 격려는 무너지지 않게 하는 가장 큰 힘이었다.

감정이 흔들릴 때마다 누구보다 먼저 내 마음을 알아주었고 아무도 몰랐던 아픔을 묵묵히 감싸주었다. 정서적으로 힘든 날이면 조용히 등을 토닥였고 물질적으로 부족한 시절에도 자신은 아끼고 또 아껴 나를 먼저 챙겨 주셨다.

사람들은 각자의 삶을 버티게 하는 원동력을 이야기한다. 내게 그 원동력은 언제나 엄마였다. 나보다 나를 더 믿어주고 나보다 내 꿈을 더 소중히 여겨준 사람, 그런 엄마가 있었기에 나는 다시 일어설 수 있었고 그 사랑 덕분에 지금의 내가 있다.

이제는 나도 누군가에게는 어른이 되었지만 엄마 앞에서는 여전히 아이가 된다. 엄마의 손을 잡으면 마음이 놓이고 엄마의 목소리를 들으면 눈물이 난다. 그만큼 엄마는 내 마음의 집이자 가장 깊은 안식처다. 그리고 이제는 내가 엄마의 버팀목이 되고 싶다.

그동안 엄마가 나를 지켜 주었듯 이제는 내가 엄마를 지켜드리고 싶다. 기대어 쉴 수 있는 나무가 되어 드리고 싶다. 세상에서 가장 소중한 이름, 나를 낳아주고 키워주고 믿어준 사람 그 이름 '엄마' 엄마는 내 삶에서 가장 따뜻하고 찬란한 빛이다.

내 인생의 등불

　내 인생의 등불인 교수님. 이렇게 글로 마음을 전하려 하니 그동안의 시간들이 하나하나 가슴속에서 되살아납니다. 수많은 장면이 물결처럼 밀려오고 문장을 꺼내기도 전에 눈물이 먼저 앞을 가립니다.

　제 삶에 교수님께서 남겨주신 크고 깊은 흔적을 어찌 다 말로 표현할 수 있을까요 하지만 오늘만큼은 부족한 말이라도 진심을 담아 교수님께 제 마음을 드리고 싶습니다.

　교수님과의 인연은 제 인생의 전환점이었습니다. 처음 뵈었을 때 느꼈던 따뜻한 눈빛과 단단한 신념은 지금도 제 마음속에 깊이 새겨져 있습니다. 언제나 교육자로서의 본질을 잃지 않으시고 진심으로 제자들을 대하시는 교수님의 모습은 제게 단순한 스승을 넘어 본이 되는 삶이었습니다.

아직도 선명히 기억나는 순간이 있습니다. 교수님께서 제게 처음으로 강의 기회를 주셨던 날 저는 빈 강의실에 앉아 조용히 숨을 고르고 있었습니다. 두려움과 설렘이 뒤섞인 순간 교수님께서 다가와 말씀해 주셨지요.

"긴장돼도 괜찮아. 진심이 전달되면 학생들은 반드시 느낄 거야."

그 한마디에 제 심장은 크게 울렸고 떨리는 마음에도 용기를 내어 첫 수업을 시작할 수 있었습니다. 그날 교수님도 기억하시겠지요. 제가 강의를 하며 눈물을 흘렸던 순간을요.

오랫동안 꿈꾸던 일이 현실이 되었을 때 저는 그 감격을 도저히 감출 수 없었습니다. 그날의 떨림과 벅찬 감정은 아직도 제 마음 깊은 곳을 따뜻하게 지켜주고 있습니다.

그 후로도 강의 중 눈시울이 붉어지는 일이 많았습니다. 첫 강의에서 느낀 그 감동은 단지 직업의 시작이 아니라 제가 진심으로 원하는 길에 첫 발을 내디뎠다는 확신 때문이었습니다. 교수님께서 주신 그 첫 기회는 제 인생을 바꿔놓았습니다.

언제나 교수님은 제 가능성을 누구보다 먼저 믿어주시고 제가 흔들릴 때 다정하게 손을 내밀어 주셨습니다. 박사과정이라는 외롭고도 고된 여정 속에서 수없이 지치고 좌절할 때마다 교수님의 따뜻한 조언과 눈빛은 제게 또 하나의 '기적'이었습니다.
교수님께서 보여주신 묵묵한 신뢰는 제가 끝까지 이 길을 걸어

올 수 있었던 가장 큰 힘이었습니다. 그리고 또 하나 잊지 못할 순간이 있습니다. 서울에서 교수님을 찾아뵈었을 때 함께 박사 학위복을 맞추며 교수님께서 말씀하셨지요.

"박사 학위복은 스스로 마주는 게 아니라 누군가의 축복 속에서 입혀지는 거야."

저는 그 말에 눈물이 왈칵 쏟아질 뻔했습니다. 겉으로는 꾹 참았지만 속으로는 이미 울고 있었습니다. 그때 교수님의 손길은 제 모든 수고와 아픔 그리고 교수님의 축복을 고스란히 안아 입혀주신 순간이었습니다.

아직 정식 졸업은 다가오지 않았지만 그날 교수님과 함께한 시간은 제 삶에 또 하나의 깊고 따뜻한 페이지로 남아 있습니다.

이제 저는 박사학위를 앞두고 또 다른 길의 시작점에 서 있습니다. 교수님께서 보여주신 따뜻한 교육자의 길, 진심으로 사람을 대하셨던 그 자세를 가슴 깊이 새기며 살아가고자 합니다.

언젠가 저도 누군가에게 지금의 교수님처럼 '존재 그 자체로 믿음을 주는 사람'이 되고 싶습니다. 그것이 바로 교수님께서 제게 가르쳐주신 진짜 교육이었기 때문입니다.

언제나 제 곁에서 스승이자 멘토로 그리고 인생의 선배로 함께 해 주신 교수님께 진심을 담아 깊은 존경과 감사를 드립니다. 앞으로도 교수님의 기대에 부끄럽지 않은 제자가 되겠습니다. 성실히 진심으로 그리고 겸손하게 살아가겠습니다.

교수님의 건강과 평안을 늘 기도합니다. 다가오는 모든 계절이

교수님께 꽃처럼 고요하고 따뜻하길 바랍니다. 그리고 언젠가 다시 교수님과 같은 길을 걸을 수 있기를 소망합니다.

 사랑과 존경을 담아, 여 은 주 올림

마음 깊이 생겨진 빚

살다 보면 누구나 마음 깊이 묻어둔 이야기가 하나쯤은 있다. 시간이 흐를수록 꺼내기 어려워지고 말하지 못한 마음은 늘 가슴 한켠에 남아 삶의 어느 순간마다 조용히 고개를 내밀곤 한다.

나에게도 그런 이야기가 있다. 오늘은 오래된 마음을 용기 내어 꺼내보려 한다. 이제는 말할 수 있을 것 같기에 그 시절 내 곁에는 단짝 친구 종희가 있었다.

중학교 3년 내내 함께하며 말하지 않아도 내 마음을 먼저 읽어주는 친구 조용하지만 단단한 눈빛으로 언제나 본보기가 되어주던 친구였다. 졸업 후 우리는 다른 길을 걸었다. 종희는 인문계 고등학교로 나는 집안 형편으로 제일여상에 진학했다. 비록 같은 학교에 다니진 않았지만 자주 연락하며 우정을 이어갔다.

멀리 있어도 마음만은 늘 가까웠다. 그러던 스무 살 무렵 내 인생의 첫 번째 큰 어려움이 찾아왔다. 급히 20만 원이 필요했지만 누구에게도 돈을 빌려본 적 없는 나였다.

망설임 끝에 떠오른 이름은 단 한 사람, 종희였다. 전화기를 들었다 놓기를 수없이 반복하다가 결국 떨리는 손으로 전화를 걸었다.

내 이야기를 들은 종희는 잠시 침묵하더니 조용히 말했다.
"그래, 내가 도와줄게 무슨 일 있는 건 아니지?"

그 한마디에 눈물이 왈칵 쏟아졌다. 사정을 캐묻지도 이유를 따지지도 않고 그저 따뜻하게 내민 말 한마디가 그 어떤 위로보다 큰 힘이 되었다. 나는 연신 말했다.

"꼭 갚을게, 꼭 갚을게."

그 약속은 단순한 돈의 문제가 아니라 내 마음 깊이 새겨진 빚이었다. 하지만 삶은 늘 뜻대로 흘러가지 않았다. 갚을 기회를 놓쳤고 서로의 연락처마저 바뀌며 우리는 멀어졌다. 그 후 나는 여러 번 종희를 찾으려 애썼지만 끝내 찾지 못했다.

그렇게 30년이 흘렀다. 그러나 그날의 마음만큼은 단 한순간도 잊은 적이 없다. 종희가 내게 내민 건 돈이 아니라 깊고 따뜻한 마음이었다. 그 기억은 지금도 내 안에 선명히 살아 있다.

이제는 말할 수 있다.

"종희야 그때 정말 고마웠어."

"그리고 아직도 그 마음의 빚을 갚지 못한 내가 너무 미안해. 내가 갚고 싶은 건 20만 원이 아니라 그때 네가 보여준 진심과 우정이야. 너는 내 인생에서 가장 고마운 친구였고 그 마음은 지금도 내 가슴 깊이 따뜻하게 살아 있어."

나의 버킷리스트

나의 버킷리스트는 한 번 써두고 먼지만 쌓이는 목록이 아니다. 삶의 계절과 마음의 온도에 따라 새로운 꿈이 들어오기도 하고 오래 품어온 소망이 다른 빛깔로 변해가기도 한다.

이번 글을 쓰며 문득 20년 전과 5년 전의 버킷리스트를 꺼내 보았다. 종이에 적힌 목록 옆에 동그라미(○), 세모(△), 엑스(×)를 표시하다 보니 저절로 웃음이 나왔다.

"아이고, 나 참 욕심 많았네." 그중에는 이룬 것도, 반쯤 이룬 것도 여전히 먼 길에 남아 있는 것도 있었다. 그 순간 "그래, 난 꽤 열심히 살아왔구나." 하는 뿌듯함과 함께 다시 새로운 버킷리스트를 쓰고 싶어졌다.

정말 신기한 경험도 있다. 대학 시절 석·박사 과정은 전혀 생각하지 않았는데 장난처럼 버킷리스트에 적어본 목표가 지금의 현실이 된 것이다.

"어? 이게 진짜 이루어졌네!"

적어둔 한 줄이 세월을 돌아 내 앞에 나타난 것을 보면 이것이야말로 말의 힘이 아닐까 싶다. 그 속에서도 변하지 않는 꿈이 있다.

첫째, 하나님의 말씀으로 살아가기.
말씀 위에 서서 선택하며 믿음을 안고 선교와 봉사로 사랑을 전하는 것. 작은 손길일지라도 그것이 한 영혼을 살리는 기적이 되기를 바란다.

둘째, 영어 공부하기.
오래전부터 '다음 달부터 해야지'하며 미뤄왔지만 언젠가 자유롭게 세계와 소통하며 더 많은 이들과 마음과 지식을 나누고 싶다. 그래서 오늘도 영어책을 펼치며 스스로를 다독인다.

그리고 긴 세월 품어온 큰 꿈, 박사학위 논문 완성과 졸업을 드디어 이루었다. 길고 험했던 여정이었기에 완성의 순간은 더욱 짜릿하고 감사했다.

앞으로의 버킷리스트도 여전히 많다. 세계 곳곳을 다니며 K-뷰티를 알리고, 다음 세대를 이끌어갈 뷰티 교육자를 양성하는 일. 좋은 인연들과 서로의 시간을 아름답게 채우며 살아가는 삶. 그리고 나에게 쉼표를 선물하는 여행. 익숙한 일상에서 벗어나 낯선 골목과 새로운 바람 속에서 마음의 먼지를 털고, 다시 꿈꿀 힘을 얻는 시간.

 나에게 버킷리스트는 단순한 목표가 아니다. 그것은 나를 움직이는 나침반, 때로는 삶을 버티게 하는 작은 불씨다.

 아직 이루지 못한 꿈들이 있다는 건 앞으로도 내가 걸어가야 할 이유가 있다는 뜻이다. 언젠가 또 동그라미를 크게 그려 넣을 날을 기다리며 나는 오늘도 새로운 버킷리스트를 써 내려간다.

가장 행복했던 순간

한 주 동안 내가 가장 행복했던 순간은 언제였을까? 문득 스스로에게 물어본다. 많이 웃었던 때가 행복일까? 그렇다면 고객님들과 함께 웃으며 보낸 시간이 떠오른다. 아니면 아무 말 없이 조용히 쉬며 마음이 편안했던 순간이 진짜 행복일까?

여러 생각 끝에 나는 분명히 하나의 시간을 떠올린다. 바로 주일 예배의 시간이다. 그 순간만큼은 내가 온전히 나로 존재하며 가장 깊은 평안과 따뜻함을 느낀다. 예쁜 우리 교회 예배당.

그 문을 열고 들어서는 순간, 이유 없이 가슴이 벅차다. 말로 설명할 수 없는 평온이 나를 감싸고 나는 마음속으로 고백한다.

"오늘도 예배에 나오게 하신 주님 감사합니다."

창가로 스며드는 하얀 햇살, 묵상으로 시작하는 고요한 시간 속에서 세상의 소란은 잠시 멀어진다. 찬송가가 울려 퍼지면 내 마음도 함께 울기 시작한다.

선율 하나하나가 내 오래된 슬픔과 지친 마음을 어루만진다. 가만히 앉아 있을 뿐인데 눈물이 차오른다. 멈추려 해도 멈추지 않는 그 눈물은 아픔이 아니라 정화의 눈물이다.

무겁던 것들이 씻겨 내려가듯 오랫동안 눌러두었던 번뇌가 찬송 속으로 녹아들며 사라진다. 이어지는 목사님의 말씀 속에서 나는 점점 더 깊이 잠긴다.

성경 한 구절, 한 문장마다 내 마음에 맑은 울림이 번지고, 그 울림은 또 다른 눈물을 부른다. 이번엔 치유의 눈물이다.

가끔은 스스로에게 묻는다. '내가 이번 주에 죄를 많이 지었나? 왜 이렇게 눈물이 나는 걸까?' 그 눈물은 단순한 슬픔이 아니라 주님 앞에서 마음이 가벼워지는 표식이라는 것을.

나는 매일 이 말씀을 붙들고 기도한다. "너의 행사를 여호와께 맡기라. 그리하면 네가 경영하는 것이 이루어지리라."
- 잠언 16장 3절-

이 말씀을 마음에 새길 때 삶의 무게도 앞날의 두려움도 조금은 내려놓을 수 있다. 모든 것을 주님께 맡기는 것이 패배가 아니라 참된 평안으로 가는 길임을 깨닫는다.

예배의 마지막 찬양이 울려 퍼지면 나는 다시 한 주를 살아갈 힘을 얻는다. 마음은 맑아지고 하나님의 사랑으로 가득 차 있다.

예배의 시간은 내 영혼이 쉬는 시간, 세상에서 받은 상처를 감싸 안는 따뜻한 품이다. 그래서 나는 확신한다.

이번 주, 내가 가장 행복했던 시간은 주일 아침 예배의 순간이었다고. 그 시간 속에서 나는 진정한 나로 존재했고 무엇보다도 깊고 따뜻한 사랑을 내 전부로 느낄 수 있었으니까.

5인 5색

둘째 이야기

2장

청춘은 계속 된다

❙ 이수민 작가 ❙

- 병리학과 환경보건을 비롯해 미용향장, 전공하였으며
- 친환경 천연 분야, 산림, 도시농업, 치유농업 등 다양한 영역을 탐구하며 삶과 자연, 사람을 연결하는 길을 걸어왔다
- 특히 현재까지 20여 년간 친환경 화장품 분야에 몸담으며 연 자연의 가치를 생활 속에 담아내는 일에 전념해왔다
- 자기계발과 리더십 강의를 통해 배움의 즐거움과 성장의 의미를 나누고 있으며, 끊임없는 탐구와 실천으로 '배우는 삶, 나누는 삶'을 이어가고 있다

❙ 연락처
- 이메일: anm1win@naver.com

다시 쓰기로 했다

 문학소녀였던 시절의 나는 온실 속 화초였다. 책과 시에 둘러싸여 작은 빛에도 금세 흔들리고, 사소한 바람에도 설레던 존재였다. 그러나 세상으로 나와 살아가면서 바람은 거칠었고 햇살은 따가웠다. 감정은 서서히 메말라 갔고 바쁘고 치열한 하루의 끝에서만 겨우 잊고 있던 마음이 간헐적으로 되살아나곤 했다. 그때마다 늘 갈증이 남았다.

 그 갈증 끝에 찾아온 것은 뜻밖의 초대였다. 황태옥 박사님의 제안으로 시작된 글쓰기 수업.
대구 두류역 지하상가 문화쉼터에서 열리는 **"두류젊코 문화강좌 나만의 책 만들기"** 6월부터 10월까지, 매달 둘째와 넷째 화요일

오전 10시부터 11시 30분까지 열 번의 시간이 이어지고, 마지막에는 한 권의 책과 북 토크까지 계획되어 있다.

내 앞에 놓인 이 기회는 마치 작은 기적처럼 느껴졌다. 처음엔 믿기지 않았다. 과연 내가 잘할 수 있을까? 중도에 지치지는 않을까? 두려움은 분명 있었지만, 그보다 더 크게 다가온 것은 설렘이었다. 오랜 시간 목마르게 갈망했던 일이었으니, 나는 그 설렘에 마음을 맡겨보기로 했다.

글쓰기에 대한 깨달음
황태옥 박사님의 강의는 내 마음을 단번에 흔들었다.

- 글쓰기는 단순히 문장을 새기는 일이 아니다.
  내 안의 소리를 끌어올려 마주하는 시간이며 오늘을 기록하고 어제를 돌아보며 내일을 그려보는 여정이다.

- 사소한 경험에서 보편적인 메시지를 찾을 것.
  평범한 일상 속 깨달음이 누군가에게는 커다란 공감이 될 수 있다. 나만의 이야기가 결국 우리의 이야기다.

- 진심을 담되, 정제된 언어로.
  감정을 거칠게 쏟아내기보다 한 발짝 물러나 바라보는 시선이 더 큰 울림을 남긴다.

- 짧고 단단한 문장.
  불필요한 길이를 덜어낸 문장은 오히려 더 큰 힘과 설득력을 준다.

- 주제는 하나, 구조는 간결하게.
  한 편의 글에서 꼭 전하고 싶은 것은 단 하나. 그 중심을 잃지 않을 것.

- 진부한 표현 대신 나만의 언어로.

이미 많이들은 말이 아니라, 내 체온이 묻은 문장이 독자의 마음에 남는다.
- **독자를 기억할 것.**
  내 글이 누군가에게 작은 위로가 된다면, 그 자체로 충분히 의미 있는 글이다.

위 여섯 가지 글쓰기의 원칙을 듣고 보니 마치 오래 묵은 갈증에 시원한 물을 부어주는 듯했다

앞으로 다섯 달 동안 열 번의 수업을 마치면 한 권의 책이 내 손에 쥐어진다. 종이 위에 찍힌 활자들은 내 삶의 흔적이자 또 다른 시작이 될 것이다. 그리고 북 토크 자리에서 누군가와 내 글을 함께 나눌 것이다. 생각만 해도 설레고 두근거린다.

물론 두려움은 여전히 있다. 글 앞에서는 언제나 겸손해지고 부끄러워진다. 그러나 이번 수업은 단순한 강좌가 아니라 메말랐던 내 감정에 물을 주는 시간이다. 잊고 지냈던 나 자신을 되찾는 과정이 될 것이다.

나는 지금, 오래 닫아 두었던 마음의 문을 열고 다시 글을 쓰려 한다. 글은 나에게 거울이자 미래로 건너가는 다리다. 이번 기회를 통해 문학소녀였던 시절의 나를 다시 불러내고 싶다.

이제는 조금 더 단단해진 나로, 세상과 감정을 나누고 싶다. 두려움보다 설렘이 앞서는 지금, 나는 다시 쓰기로 한다.
그리고 '나맘의 책 만들기'를 통해 다시 피어나기로 했다.

끝까지 나답게

어릴 적, 세상에서 가장 소중한 것은 언제나 가족이었다.
할머니의 부드러운 손길, 엄마의 따뜻한 미소, 아버지의 온화한 음성, 오빠와 언니와 함께한 소소한 일상. 그 시절 가족은 내 세상의 전부였고 그 안에서 마음 놓고 웃고 울 수 있었다.

학창 시절에는 친구들이 세상의 전부였다.
함께 고민을 나누고 웃고 울던 시간들은 지금도 가슴을 따뜻하게 만드는 소중한 보물이다.

20대에는 사랑이 내 삶의 중심이 되었다.
설레고 아찔한 감정, 연인이 되어 서로에게 마음을 맡기던 시간.

그 두근거림 속에서 나는 나를 새롭게 발견했다. 그 순간만큼은 무엇보다 사랑하는 사람이 가장 소중했다.

30대가 되면서 소중한 존재는 아이가 되었다.
아이의 웃음과 성장은 곧 나의 행복이었고 나의 삶의 이유가 되었다. 아이를 위해서라면 무엇이든 내어줄 수 있을 것 같았다.

40대에는 온전한 가정이 가장 소중했다.
아이들에게 든든한 울타리가 되고 싶었고, 남부럽지 않게 키워내고 싶은 마음으로 하루하루를 살아갔다. 그때는 '내가 얼마나 잘 키우는가'가 곧 나의 가치와 직결되는 듯 느껴졌다.

50대에 들어서면서 소중함의 의미는 달라졌다.
아이들은 각자의 삶을 살아가고 남편도 이제는 인생의 동반자가 되었다. 그리고 나는 비로소 나 자신을 돌아보기 시작했다. 아이들에게 짐이 되지 않고 존경받는 부모로 살아가기 위해 경제적 여유와 함께 내가 진정 좋아하는 것을 찾고자 했다.

그 과정에서 나는 그림을 그리고 악기를 배우고 강의와 봉사활동을 이어갔다. 시를 쓰고 글을 쓰며 나 자신을 지켜가는 시간을 소중히 여기게 되었다.

또한 지난 20년간 이어온 친환경 화장품 영업은 내 삶의 또 다른 중심이자 자부심이다. 제품을 먹고 바르며 건강을 지키고 20년 동안 나를 믿고 주문해주신 고객들 덕분에 지금도 나는 무탈하게 살아간다.

고객들로부터 "혈압과 당뇨 없이 또래보다 10년은 젊게 사는 것 같아요."라는 이야기를 들을 때마다 사명감과 자부심이 피어난다.

그들의 신뢰는 나로 하여금 포기하지 않고 20년을 버틸 수 있게 한 힘이었다.

돌이켜보면, 내 인생에서 가장 소중한 것은 결국 나 자신과 나를 둘러싼 사람들 그리고 내가 사랑하고 헌신할 수 있는 일이었다.

세상에서 소중한 것은 시기마다 나이마다 달라진다. 그러나 그 중심에는 늘 사랑과 신뢰 그리고 감사가 자리한다. 어린 시절 가족의 사랑, 학창 시절 친구의 우정, 청춘의 설렘, 아이와 가정의 행복, 나 자신을 지키는 삶과 일, 그리고 타인과 나누는 신뢰와 감사. 이 모든 것이 모여 지금의 나를 이루고 나를 나답게 만든다.

이제 나는 조금 더 여유롭게 조금 더 깊게 내 삶을 바라본다. "무엇이 가장 소중 하냐"는 물음에 나는 이렇게 대답할 수 있다.

"사랑할 수 있는 마음 믿음과 감사로 이어진 삶 자체가 가장 소중하다." 세상의 어려움 속에서도 나는 이 소중한 것들을 지켜내며 늘 새로운 도전에 나서고 매일 가슴 뛰는 삶으로 살아가고 싶다.

청춘의 코스모스

 그해 여름, 유난히 뜨거웠던 날들을 지나 추석이 되자 서울과 부산 각지에서 친구들이 포항 고향으로 모여들었다.

 남사친, 여사친 가릴 것 없이 20대의 젊은 혈기로 가득 찬 우리는 술집에 모여 안부를 나누고, 농담을 주고받으며 흥에 취했다. 잔을 기울이는 사이 밤은 깊어가고, 사람과 분위기에 모두가 휩쓸려 갔다.

 1차, 2차, 3차까지 골목의 술집을 정처 없이 옮겨 다니며 노래방에서 흘러나오는 음악에 맞춰 춤과 노래를 이어갔다. 지치지 않는 젊음 끝없는 열정이 우리를 흔들었다. 그러다 누군가가 말했다. "일출 보러 가자!"

이미 모두 술에 취한 상태였지만, 새벽 바다에서 떠오르는 태양을 보겠다는 열망이 우리를 일으켜 세웠다. 경찰도 단속도 없는 시간이라 안일하게 여겼고 결국 가장 덜 취한 친구가 운전대를 잡았다. 작은 승용차에 남자 셋, 여자 셋이 몸을 구겨 넣고 동해 안을 향해 달렸다. 지금 생각하면 아찔한 일이다. 정말 무모했다.

포항 송도를 지나 도구, 감포 해안도로로 접어드는 길. 굽이진 도로를 달리던 차가 순간, 꽝! 전신주를 들이받았다. 범퍼는 찌그러지고 차는 연기를 내며 멈췄다. 다행히도 다친 사람은 없었다.

차에서 내리자마자 눈에 들어온 건, 길가에 흐드러지게 핀 코스모스였다. 놀란 마음에 다리에 힘이 풀려 꽃밭 위에 벌러덩 드러 눕고 보니, 차는 낭떠러지 바로 옆, 전신주에 걸려 멈춰 있었다. 한 발짝만 더 갔더라면 우리는 모두 바다로 추락했을지도 모른다. 그날은 분명 누군가가 지켜준 듯했다.

그렇게 맞이한 새벽, 우리는 끝내 일출을 보았다. 술기운이 가시지 않은 몸으로 서로의 손바닥을 마주치며 말했다. "다시는 음주운전 하지 말고 열심히 살자."

찌그러진 차를 몰고 돌아오는 길, 라디오에서 카펜터스의 Yesterday Once More가 흘러나왔고 우리는 큰 소리로 후렴을 힘껏 따라 불렀다.
그날 길가에 서 있던 코스모스는 우리 청춘의 상징 같았다. 연약해 보이지만 메마른 땅에서도 의연히 피어나고 모진 비바람에도 쓰러지지 않고 다시 일어서는 생명력. 무모했지만 치열하게 불탔던 우리의 젊은 날, 순간의 일탈과 서툴렀던 청춘의 비상이 겹쳐져 그날의 풍경을 더욱 선명하게 만든다.

그 사건 이후, 감포 해안의 청춘들은 더는 함부로 헤매지 않았다. 삶의 파도 앞에서도 코스모스처럼 다시 일어설 수 있음을 배웠다.

이제 와서 말할 수 있다. 음주운전, 정원 초과, 부러진 전신주까지 모두 젊은 날의 일탈이었다. 그러나 그 실수마저도 오늘의 우리를 만든 한 조각 기억이다. 돌이켜보면 우리는 너무 뜨거웠고 너무 자유로웠다. 그리고 그 자유 속에서 스스로를 시험하며 삶의 경계를 넘나들다 결국 성장했다.

순간의 일탈이 준 스릴과 아찔함 그리고 끝내 맞이한 일출의 찬란함은 그 어떤 교훈보다 깊이 마음속에 새겨졌다.

청춘은 코스모스처럼 그렇게 피고 지고 다시 피어나며 우리 안에 남는다. 나는 지금도 그날의 바람과 웃음, 전신주 곁에 서 있던 코스모스의 기운을 떠올리며 조금은 신중하지만 단단한 마음으로 삶을 걸어간다.

놀라운 건 그때 우리가 들이받은 전신주가 아직도 약간 기울어진 채 서 있다는 것이다. 지나간 청춘의 흔적처럼 코스모스와 함께 내 청춘을.

의미 있게 살아간다는 것

나는 어떤 사람일까? 가끔 스스로에게 묻는다. 여러 모습이 겹겹이 쌓여 지금의 나를 이루고 있는 듯하다.

혈액형은 AO형, 남편과 두 아이는 모두 O형이다. 작은 특징이지만 아이들을 보며 성향의 차이를 느낄 때가 있다. 사상체질로는 태음인 혹은 소음인, MBTI는 ENJT 혹은 ENJP로 나온다. 타고난 기질은 내 모습의 한 부분일 뿐, 배움과 경험을 통해 조금씩 변해왔다.

외모는 특별히 예쁘지도 못생기지도 않은 평범한 얼굴. 키

165cm, 먹는 즐거움을 좋아하다 보니 통통한 체격, 평생 다이어트 중이다. 성격은 크게 모나지 않지만 우유부단한 면이 있고 관계 속에서는 거절을 잘 못해 손해를 보기도 한다. 그래도 대체로 좋은 마음으로 받아들이며 살아간다.

나는 새로운 일에 도전하는 것을 좋아한다. 하지만 미래에 대한 불안감 때문에 늘 긴장하며 산다. 그 긴장감이 오히려 배움과 노력을 멈추지 않게 만드는 힘이 되었다.

20대 중반 사회생활을 시작한 이후 나는 치열하게 살아왔다. 연애와 결혼, 자녀 교육 문제, 코로나로 어려워진 사업 환경까지 넘어지고 일어서기를 반복했다. 지금도 여전히 일하고 있으며 그 안에서 조금씩 나의 자리를 찾아가고 있다.

내 삶에서 가장 큰 축복은 건강한 가족이다. 함께하는 남편, 예쁘게 성장해준 두 딸이 있어 힘든 순간에도 버틸 수 있었다. 하루를 마치고 가족과 웃고 이야기 나누는 시간은 무엇과도 바꿀 수 없는 소중한 선물이다.

나는 스스로에게 이렇게 말해주고 싶다. "잘해왔고, 지금도 잘하고 있다. 넌 충분히 잘할 수 있어." 실수와 실패, 좌절 속에서도 다시 일어나며 나는 조금씩 단단해졌다. 앞으로도 삶은 완벽하지 않겠지만 나는 계속 배우고 노력할 것이다.

매일의 작은 선택과 경험이 모여 오늘의 나를 만들었듯 앞으로의 나 또한 그렇게 완성되어 갈 것이다.

나는 지극히 평범하다. 그래서 더 나다운 삶을 살아가는 사람이다. 나는 완벽하지 않다. 그래서 더욱 진심을 다해 살아가는 사람이다.

 있는 그대로의 나를 받아들이고 감사하며 살아가는 것. 그것이 지금의 나다.

오늘을 후회 없이 살기

　사람은 누구나 마음속에 작은 소망들을 품고 산다. 그것이 크든 작든 이루어진 일이든 아직 먼 이야기이든 그 소망들은 삶을 살아가는 힘이 된다. 나에게는 매년 새로운 다짐처럼 작성하는 버킷 리스트가 있다.

　죽기 전에 꼭 하고 싶은 일, 꼭 지켜내고 싶은 습관, 그리고 놓치고 싶지 않은 경험들을 하나하나 적어 내려가는 일, 마치 한 해의 지도를 그리듯 수첩의 첫 장에는 늘 나만의 버킷 리스트가 자리 잡는다.
　버킷 리스트라는 말은 흥미로운 유래를 가지고 있다. 영어 속어인 '킥 더 버킷(kick the bucket)', 즉 죽음을 은유적으로 표현

한 말에서 비롯되었다고 한다.

중세시대 교수형을 집행하거나 자살할 때 발밑의 양동이를 걷어차는 장면에서 유래한 표현이라고 하니 다소 섬뜩하기도 하다. 하지만 오늘날의 버킷 리스트는 그런 무겁고 어두운 뜻보다는 남은 시간을 어떻게 하면 더 의미 있고 충만하게 살아갈 수 있을까 하는 희망과 도전의 상징으로 쓰인다. 나 또한 이 말의 힘을 믿으며 해마다 버킷 리스트를 쓰는 일을 습관처럼 이어가고 있다.

리스트를 적을 때마다 느끼는 것은 결국 삶은 중간 점검이 필요하다는 것이다. 그냥 하루하루에 치여 살다 보면 어느새 1년이 흘러 있고 마음속 다짐은 잊히기 마련이다. 그래서 나는 항목마다 구체적인 목표를 적어 둔다.

첫 번째는 경제적 여유다
월수입을 두 배로 늘리기이다. 단순한 욕심이 아니라 더 나은 삶을 위한 기반을 다지려는 다짐이다. 이를 위해 '어뉴엠'에서 함께할 사업자를 만들고, pg업체 주1개 개통하기, 새로운 시도를 두려워하지 않기로 했다.

두 번째는 건강관리다
나이가 들수록 건강이 최고의 자산이라는 사실을 절실히 깨닫는다. 아무리 돈이 많아도 몸이 따라주지 않으면 소용없다. 그래서 매일 건강식품 꼭 챙겨 먹기. 하루 100개의 스쿼트 운동을 습관처럼 이어가고 있다. 취미와 운동을 겸한 골프에서는 '100타 깨기'를 목표로 삼았다. 작은 기록 하나를 줄이는 데에도 땀과 시간이 필요하다

세 번째는 피부 관리다.

바쁘게 살다 보면 나 자신을 가꾸는 일은 뒷전이 되기 쉽다. 하지만 꾸준한 관리야말로 자기 존중의 표현이라는 생각을 한다. 일주일에 한 번은 어뉴엠 딥으로 독소제거, 또 한 번은 마스크팩을 통해 작은 쉼표를 만든다 거울 속에서 조금 더 밝아진 피부를 마주할 때, 그것은 단순한 외모 관리가 아니라 '내가 나를 아낀다'는 증거가 된다.

네 번째는 정신 관리다
건강한 몸만큼이나 건강한 마음도 중요하다. 나는 매달 한 권의 책을 읽기로 정해 두었다. 독서는 생각이 넓어지고 마음의 지도가 확장되는 기분이 든다. 또 매일 30분씩 자기계발 유튜브를 듣는다. 작은 강연이나 짧은 영상이지만 거기서 얻는 한 문장, 한 단어가 하루를 지탱해 주기도 한다.

무엇보다 소중히 여기는 습관은 감사일기다. 매일 세 가지 감사한 일을 적는다. 사소한 것 같지만 하루를 긍정적으로 정리하는 힘이 크다. 그리고 하모니카를 매일 불며 작은 즐거움을 찾는다. 음악이 주는 위안은 책이나 말로 설명하기 어려울 만큼 특별하다.

다섯 번째는 인간관계다
세상은 결국 사람과 사람의 연결 속에서 살아간다. 나는 매월 첫날이 되면 전체 지인들에게 안부 문자를 보낸다. 또 2주에 한 번은 고마운 분께 안부전화를 드린다. 고객과는 하루에 한 번은 꼭 얼굴을 마주하려 한다. 밴드나 카톡 모임방에서는 적극적으로 댓글을 달며 소통하려 한다. 인간관계는 저절로 유지되지 않는다. 나의 노력과 진심이 쌓여야만 오래 간다.

여섯 번째는 자기계발이다
시대가 변할수록 꾸준히 배우는 사람만이 뒤처지지 않는다고 믿는다. 그래서 SNS 활동도 단순한 취미가 아니라 글을 올리고 생각을 나누는 훈련의 장으로 삼는다. 블로그와 인스타그램에 정성스레 글을 올리며 기록을 남긴다. 무슨 자격증이든 자격증을 취득 한다. 영어 회화 공부를 한다. 아직 늦지 않았다는 마음으로 오늘도 새로운 것을 시도한다.

일곱 번째는 여행이다
바쁜 일상 속에서도 짬을 내어 떠나는 여행은 삶에 새로운 색을 더해 준다. 멀리 가지 않아도 좋다. 가끔은 가까운 곳에서 잠시 머무는 것만으로도 마음의 창이 넓어진다.

여덟 번째는 건강검진이다
몸은 거짓말을 하지 않는다. 정기적으로 점검하고 관리하는 일은 나 자신에 대한 최소한의 책임이다. 이 모든 다짐은 사실 거창한 목표라기보다는 일상의 작은 습관들이다. 하루하루가 모여 한 달이 되고 열두 달이 모여 일 년이 된다. 결국 인생도 작은 날들의 연속이다. 나는 그 하루를 최선을 다해 살아내고 싶다. 후회 없는 하루가 쌓일 때 내 삶 전체도 후회 없이 빛날 것이라 믿는다.

버킷 리스트는 나에게 단순한 목록이 아니라 삶의 나침반이다. 그 나침반이 가리키는 방향을 따라가다 보면 언젠가 내가 꿈꾸던 모습에 조금은 가까워져 있지 않을까.

오늘도 나는 작은 수첩을 펼쳐 나의 다짐을 확인한다. '오늘 하루를 후회 없이 살자.' 그것이 내가 살아가는 이유이며 나의 최고의 버킷 리스트이다

장미꽃 언니

 아파트 입구에 새로 생긴 꽃집, 장미 화분이 유독 눈에 들어왔다. 장미는 여름이면 어디서나 볼 수 있는 익숙한 꽃이다. 카페 창가 친구 집 베란다에서 피어 있는 장미를 볼 때마다 '한 번 키워볼까?' 하고 마음을 주었다가도 선인장조차 죽이는 내가 장미를 잘 키울 수 있을까 싶어 늘 망설였다.

 그런데 오늘, 나는 덥석 장미를 집으로 들였다. 집안 가득 여름빛이 퍼지고 은은한 장미향이 커피 향과 섞여 마음을 적셨다. 멀리 보이는 초곡산 너머 동해 바다 지금은 아파트촌이 되어버린 내 고향 집이 눈앞에 떠오르며 어느새 나는 30년 전 어린 시절로 돌아가 있었다.

어릴 적 나는 늘 혼자였다. 내성적이고 수줍은 아이였던 나에게 가장 기다려지는 존재는 셋째 언니였다. 정 많고 따뜻한 언니는 나를 칭찬해 주고 장미꽃을 사 주며 꿈같은 말도 해주었다.

왜 이토록 그리 장미를 좋아했는지 이유는 알 수 없지만 나는 언니가 사오는 장미를 유난히 좋아했다. 장미를 사오는 셋째언니를 늘 기다렸다. 언니가 오지 않는 날이면 장미가 언니의 빈자리를 대신했다.

대구 공장에서 일하던 언니는 늘 피곤한 얼굴을 하고 있었다. 창백한 얼굴, 점점 푸르게 변해가는 입술. 그래도 언니는 언제나 장미꽃을 한 송이라도 꼭 사와서 나를 웃게 했다. 엄마는 먹는 것도 아닌데 돈을 쓴다고 매번 언니를 나무랐지만 그럴수록 언니의 장미는 더욱 소중했다.

어느 날 언니는 꺾은 꽃이 아닌 장미 화분을 들고 왔다. "잘 자라니까 한번 키워 봐"하고 "장미는 향기도 있지만 가시도 있으니 조심히 다루고"하고 말해 주었다. 어린 나는 그 말의 깊은 뜻을 알지 못했다. 그저 장미가 언니를 닮아 더욱 좋았다. 은은한 향은 손에 스며들어 오래도록 언니의 온기를 전해 주었다.

나는 장독대 옆에 장미를 심었다. 엄마 눈에 띌까 걱정하면서도 언니가 당부한 말이 떠오를 때마다 물을 주고 언니가 그리울 때마다 정성을 쏟았다. 하지만 시간이 지날수록 꽃은 시들고 잎은 누렇게 변했다.

결국 엄마의 손에 뽑혀 짚더미 위에 버려졌다. 그 모습은 병마와 집안의 고단함 속에 시들어 가던 언니의 모습과 겹쳐 보였다.

셋째언니는 몇 해 후 젊은 나이에 하늘의 별이 되었다. 지금의 나는 그때 장미를 뽑아 버리던 엄마의 나이가 되었다.

이제야 조금은 이해할 수 있다. 큰 병과 가난을 이겨내야 했던 어머니의 분노와 절망을.

나는 지금도 포항 영일대 장미원을 좋아한다. 해 질 녘, 바닷물 위로 반사된 햇살이 장미꽃을 비출 때면 슬픔조차 예술처럼 아름답게 느껴진다.

이제는 엄마도, 언니도 곁에 없다. 오십 중반을 넘긴 내게 아득했던 기억과 그리움이 다시 선명히 떠오른다. 장미는 나에게 언니의 또 다른 이름이 되었다. 장미를 부르면 언니 얼굴이 떠오르고 향기 속에서 그리움이 밀려온다.

오늘 데려온 장미 화분. 외롭고 쓸쓸할 때마다 장미에게 말을 걸 것이다. 장미는 여전히 숨결 같은 포근함으로 다가오니까.

오늘 밤 꿈에서는 언니와 함께 영일대 장미원을 걸으며 내가 좋아하는 장미를 마음껏 자랑할 것이다.

장미는 아름다움과 향기뿐 아니라 가시도 함께 지닌 꽃이니까. 삶도 마찬가지다. 기쁨과 슬픔, 사랑과 상처가 함께 어우러져 피어난다. 소중한 사람과의 기억은 때로 아픔을 동반하지만 그 그리움은 우리를 단단하게 하고 삶을 더 깊게 만든다.

장미가 언니의 이름이 되었듯, 사랑하는 이를 떠올리게 하는 무언가는 언제나 곁에 남아 우리의 삶을 지켜 준다. 오늘따라 유난히 장미를 닮은 언니가 그리워진다.

#7

세상을 바꾸는 말

큰딸은 어린 시절부터 모범적인 아이였다. 부모가 따로 공부를 시키지 않아도 스스로 알아서 늘 최상위권 성적을 유지했고 성격도 착하며 마음도 깊어 늘 주변 사람들에게 칭찬을 받았다. 부모 입장에서는 그저 고맙고 든든할 따름이었다.

고3, 대학 진학을 앞두고 부모로서 바람이 있었다. 집에서 가까운 대구나 부산의 국립대에 진학하면 좋겠다고 했지만 딸은 강하게 고집을 부렸다. 꼭 서울에 있는 대학을 가고 싶다는 것이었다. 며칠간의 신경전 끝에 우리는 결론을 내렸다. 딸이 원하는 서울 대학에 가는 대신 장학금을 받을 수 있는 성적을 유지해야 한다는 조건이었다.

딸은 본인이 뱉은 말을 끝까지 책임지는 성격이었다. 결국 약속

대로 학점 관리를 철저히 하며 1학년과 2학년을 무사히 마쳤다. 그러나 어느 날, 미래에 대한 불안감이 몰려와 공무원 시험을 준비해보고 싶다는 것이었다. 집 근처 원룸에서 혼자 공부했지만 결과는 낙방이었다.

태어나서 단 한 번도 실패를 경험하지 않았던 딸에게 첫 번째 실패는 큰 충격이었다. 어두운 방 안, 불을 끈 채 이불을 뒤집어 쓴 딸을 바라보는 순간 엄마로서 마음이 아팠다. 사실 인생 길게 보면 22살의 작은 실패일 뿐이지만 아이에겐 세상이 무너지는 듯한 아픔이었을 것이다.

그때 나는 위로의 차원에서 무심코 한마디를 건넸다.
"너는 학점도 좋으니 로스쿨에 가서 변호사 시험을 합격하면 공무원도 5급으로 시작할 수 있어. 공무원 30년을 3년 만에 할 수도 있단다. 이번에 떨어진 게 오히려 잘된 거야."

그저 흘러가는 말이었지만 아이의 마음속에 씨앗처럼 뿌려진 모양이었다.

다시 복학한 딸은 아르바이트를 병행하며 학교생활에도 충실했고 학점은 여전히 상위권을 유지했다. 결국 2년 뒤 로스쿨에 합격했고 3년 뒤에는 변호사 시험에도 단번에 합격했다. 지금은 힘든 법조계에서 치열하게 일하며 많은 스트레스를 받고 있지만 여전히 최선을 다하며 자신의 길을 묵묵히 걷고 있다.
돌이켜보면, 나는 그저 위로의 말이라고 생각했던 한마디가 딸에게 새로운 비전과 희망을 심어주었다. 말 한마디가 삶의 전환점이 될 수 있다는 것을 새삼 깨닫게 된다.

우리는 흔히 "말이 씨가 된다"고 한다. 누군가에게 건넨 말이 작은 위로가 되기도 하고 삶을 바꾸는 힘이 되기도 한다. 나 역시 그 경험을 통해 부모로서 또 한 사람으로서 누군가에게 던지는 말의 무게와 영향력을 배웠다.

내 딸은 아직도 성장 중이다. 인생은 여전히 진행형이며 그녀의 꿈과 도전도 끝나지 않았다. 나는 늘 그 길을 응원하며 기도한다. 그리고 다짐한다. 내가 하는 모든 말이 누군가의 가슴속에 희망의 불씨가 될 수 있도록 긍정과 격려의 말을 아끼지 않겠다고.

인생은 언제나 예상치 못한 길로 흘러간다. 그 길 위에서 누군가의 따뜻한 한마디가 등불이 되어 길을 밝혀준다는 것을, 내 딸을 통해 다시 한 번 깨닫는다.

말 한마디의 힘은 작지만 세상을 바꿀 수 있는 힘을 품고 있다. 우리는 늘 누군가의 말에 웃고 울며 길을 찾기도 하고 멈추기도 한다. 그래서 나는 오늘도 마음을 다해 말하려 한다.

"너라면 할 수 있어."
"괜찮아, 넌 충분히 잘하고 있어."
"이 또한 지나갈 거야."

이 짧은 말들이 누군가의 하루를 밝히고 두려움과 좌절 속에서도 한 걸음을 내딛게 만드는 힘이 된다. 삶은 언제나 예상치 못한 길로 흐르지만 따뜻한 말과 작은 응원은 길 위에서 빛나는 등불이 된다.

한 사람의 마음속에 심어진 작은 희망의 씨앗은 언젠가 큰 나무가 되어 자신뿐만 아니라 주변 사람들에게도 그늘과 열매를 선물할 것이라고 나는 믿는다.

오늘도, 우리가 주고받는 말 속에 사랑과 격려 희망을 담자. 말 한마디가 열어주는 길은 어쩌면, 누군가의 삶 전체를 바꿔 놓을지도 모르니까.

5인5색

셋째 이야기

3장

희망의 순간들

▌ 전소미 작가 ▌

- 현재 대구 거주
- 대학에서 빅데이터응용 전공
- 회사원
- 마흔이 넘어가면서 책읽기의 매력을 알게 되었다.

  시간적인 여유가 있을 때 항상 나의 곁에는 책이 있었다.
  그리고 글을 쓰고 싶어졌다.
  글을 쓰게 되면서 나의 내면을 표출할 수 있었다.
  또 과거의 경험을 가져올 수 있었다.
  더해서 나의 미래의 삶이 행복해지도록
  좋은글을 꾸준히 기록하려고 한다.

희망을 놓지 않고 살아온 덕분에(과거)

 나는 어린 시절을 시골에서 보냈다. 고향은 경북 봉화의 작은 면 소재지로 영주와 안동, 봉화의 접경 지역에 위치해 있다. 나지막한 산들이 겹겹이 둘러싸인 마을 앞으로는 국도 5호선[1]이 지나고 있었다. 국도를 중심으로 크고 작은 마을이 뻗어나가듯 형성되어 있었다.

 우리 집은 동향이라 아침 햇살이 잘 들어왔다. 창밖으로는 도시로 향하는 직행버스와 완행버스가 먼지를 일으키며 달려가는 모습이 보였다. 집성촌이었던 마을에는 멋진 한옥들이 자리 잡고 있었고 입구에는 늠름한 소나무가 몇 그루 서 있었다.

 마을 사람들은 그곳에 모여 새마을 운동이 한창이던 시절 청소를 하거나 단오가 되면 그네를 매달고 널뛰기를 하곤 했다.

냇가를 따라 조성된 '천방'에서는 여름이면 아이들의 웃음소리가 끊이지 않았다. 매년 8월 15일에는 '풋굿날'이라 하여 남자들은 동네의 풀을 베고 여자들은 음식을 장만해 함께 나눴다.

오후가 되면 마을 사람 모두가 복숭아 과수원에 가서 복숭아 따기를 즐겼다. 지금은 사라진 과수원이지만 그 시절의 풍경은 여전히 선명하다.

초등학교 저학년 때, 이웃 마을에 책이 많은 집이 있었다. 그곳에서 대학생쯤 되어 보이는 젊은 여성이 지내고 있었는데 언니와 나는 그 집에서 처음으로 '소공녀', '소공자', '백설공주' 같은 동화책을 접했다.

만약 그 집이 아니었다면 도시와 멀리 떨어진 시골에서 책을 늦게 만났을지도 모른다. 어린 시절 어떤 환경에 놓이느냐가 한 사람의 성장에 얼마나 큰 영향을 주는지 깨닫게 된다.

1980년 무렵, 집 앞 논에서 대대적인 공사가 시작되었다. 바닥에 흩어진 빨간색, 파란색 전선이 눈에 선하다. 나중에 알았지만 우리 마을을 넘어 위쪽 지방까지 전기를 보내기 위한 공사였다.

나는 1남 4녀 중 넷째로 태어났다. 아버지와 어머니는 누구나 인정하는 미남, 미인이셨다. 하지만 할아버지는 손재주가 뛰어나셨음에도 경제에는 무관심하셨고 장손이었던 아버지는 초등학교만 졸업하고 농사에 매달려야 했다.

가세는 넉넉하지 않았다. 아버지는 마을 이장까지 맡으며 이웃을 위해 힘쓰셨지만 흉년과 빚보증 등으로 살림은 어려웠다. 그러다 정부가 해외 건설 인력을 모집하던 시절, 아버지는 다섯 남매의 학비를 위해 사우디아라비아로 떠나셨다. 다행히 고된 현장이 아닌 주방에서 근무하셨다고 한다.

내가 초등학교 4학년 무렵, 언니와 오빠의 진학 문제로 우리는 안동으로 이사했고 다시 대구로 옮겼다. 그 후 아버지가 귀국하시면서 비로소 온 가족이 함께 살 수 있었지만 도시 생활은 쉽지 않았다. 건설 현장 일은 오래가지 못했고 아버지는 한식 조리사 자격증에도 도전했지만 취업은 여전히 힘들었다.

결국 고향으로 돌아갔고, 어머니는 직물공장 식당에서 일하셨다. 대학생과 고등학생, 중학생, 초등학생 다섯 남매를 키우기에는 벅찼다. 중학교 3학년이었던 나는 집안 사정을 잘 알았다.

고등학교 진학을 앞두고, 인문계 대신 산업체 부설 상업고등학교를 선택했다. 공부 욕심보다는 가족의 짐을 덜고 싶었기 때문이다.

다행히 대구의 '한일여자실업고등학교'에 들어가 3년간 일과 공부를 병행했다. 고단했지만 지금도 후회하지 않는다. 그곳에서 함께 울고 웃던 친구들과는 40년이 지난 지금도 여전히 만나며 인연을 이어가고 있다.

졸업 후 재수를 했으나 실패했고 다시 직장을 다니며 공부를 이어갔다. 결국 전자계산학과에 진학해 반 장학생으로 졸업할 만큼 열심히 공부했다. 그러나 결혼 적령기에 여성 취업이 쉽지 않았던 시절이라 원하던 전산직은 가지 못하고 학원 강사로 일하다가 결혼을 했다.

결혼 생활은 쉽지 않았다. 시댁의 빚까지 떠안으며 시작한 신혼은 고단했지만 나는 무역회사 경력을 살려 다시 일을 시작했고 워킹맘으로 살았다. 성실한 남편과 함께 어려움을 극복해 온 세월이 벌써 30년이 흘렀다.

이제 아버지는 하늘에 계시고 어머니는 고향에서 생활하신다. 나는 고향을 떠난 어린 시절과 달리 이제는 그곳이 주는 평안함과 따뜻함을 온전히 느낀다. 삶은 언제나 순탄치 않았지만 원망보다는 성실함으로 버티며 장애물을 넘어왔다.

"성공은 당신이 도달한 위치가 아니라, 그동안 극복해 온 장애물들이다." -부커 T. 워싱턴-

나는 이 말에 깊이 공감한다. 지금의 행복은 어려운 여건 속에서도 희망을 놓지 않고 살아온 덕분이다. 이것이야말로 내가 경험한 진짜 성공이라 믿는다. 모두 각자의 삶에서 자신만의 성공을 이루기를 소망한다.

국도 5호선: 경상남도 남해군 창선면에서 시작해 평안북도 자성군 중강면까지 이어지는 대한민국의 일반국도로, 남한 내에서 가장 긴 노선이다.

반세기의 사랑(사랑)

내가 가장 소중히 여기는 사람은 바로 남편이다. 내향적이었던 나의 성격을 사회적으로 원만하게 변화시킨 사람, 나에게 가장 큰 영향을 준 사람도 남편이다.

부모님은 늘 점잖으셨고 5남매 모두 조용한 성격이었다. 더구나 아버지는 외동이셨고 집성촌의 친척들도 대부분 서울로 이사 가셨기에 소통할 기회가 많지 않았다. 그래서 나는 타인과 쉽게 어울리지 못하고 수줍음이 많았다.

남편을 만나기 전까지는 말조차 서툴렀다. 그런 내가 지금 사회성을 갖추게 된 것은 전적으로 남편 덕분이다.

남편과의 첫 만남은 1989년 3월, 재수학원 청운학원에서였다. 나는 늘 앞줄에 앉아 모범생처럼 지내고 있었는데 쉬는 시간마다 뒷자리 남학생들이 장난치며 앞으로 오곤 했다.

그중에서 유난히 눈에 띄던 학생이 있었다. 미성의 목소리, 굵은 뿔테 안경, 마른 체형에 178cm 정도 되는 큰 키, 그리고 갸름한 얼굴. 그때는 '우리 반에 이런 친구도 있구나.' 하고 지나쳤다.

그러다 몇 달 후, 집으로 가는 길에 다시 그 학생을 보게 되었다. 어깨를 축 늘어뜨린 채 세상 근심을 다 짊어진 듯한 모습이 낯설게 다가왔다. 학원에서 보던 활기찬 분위기와는 달라 내 시선이 자연스레 그에게 머물렀다.

학원이 끝나면 나는 동부정류장까지 걸어가 복현동행 버스를 타야 했는데 그 길에서 남편과 자주 마주쳤다. 결국 같은 126번 버스를 타고 내가 먼저 내렸다.

그다음 날도, 그다음 날도 같은 상황이 반복되었다. 처음엔 어색했지만 하루는 내가 내릴 때 눈이 마주쳐 서로 고개 인사를 하게 되었고 그 후로는 자연스럽게 함께 걷고 함께 버스를 타게 되었다.

어느 날은 버스 맨 뒷자리에 나란히 앉았는데 남편이 자신감 있게 이렇게 말했다.

"소미씨, 저랑 일주일만 같이 다니면 성격이 달라질 거예요."

나는 그냥 웃었지만, 사실 속으로는 '정말 그럴까?' 하는 생각이 들었다. 이후 우리는 아침 버스에서도 학원에서도 자주 만나며 점점 가까워졌다. 남편의 맑고 순수한 눈빛은 나를 편안하게 했고, 어느새 가장 든든한 친구이자 동반자가 되었다.

알고 보니, 그가 쉬는 시간마다 교단 앞으로 왔다 갔다 한 이유는 친구들과의 내기 때문이었다. '내가 몇 번 자리를 뜨는지 맞혀보자'는 놀이였던 것이다.

나에겐 부담스럽고 부끄러운 시선이었는데 사실은 관심의 표현이었다는 걸 알게 되자 한층 더 가까워질 수 있었다. 우리는 함께 공부하며 서로에게 힘이 되었지만, 원하는 대학 진학은 뜻대로 되지 않았다. 그러나 더 소중한 결실은 친구가 연인이 되었다는 사실이다.

남편은 정보통신학과에, 나는 간호과에 도전했으나 실패 후 무역회사에 취직했다. 그래도 대학에 가고 싶은 꿈을 포기하지 않고 직장생활과 공부를 병행해 결국 전자계산학과에 합격했다.

그 시절 우리는 하루라도 보지 않으면 허전할 만큼 자주 만났다. 새벽에 만나 경북대에서 함께 달리기도 하고, 하루를 시작하고 마무리하는 순간마다 곁에 있었다. 결국 결혼을 결심했고, 양가의 도움 없이 스스로 준비해 결혼식을 올렸다.

하지만 결혼생활은 순탄치 않았다. 시댁의 사업 실패로 진 빚을 남편이 책임져야 했고, 나도 함께 짊어져야 했다. 억울하고 힘들었지만, 그 무게를 가장 크게 감당해야 했던 것은 남편이었다. 그러나 그는 끝내 그 고난을 이겨냈고, 오늘의 행복을 우리에게 선물해 주었다.

생각해보면, 남편은 늘 책임감과 인내심을 지닌 사람이었다. 가족을 위해 양보할 줄 알았고 나에게는 늘 따뜻한 대화 상대였으며 세상을 살아가는 힘을 가르쳐 준 사람이었다.

 스무 살, 가장 순수했던 시절에 만나 반세기 가까운 세월을 함께해 온 남편. 지금도 내 옆에서 함께 웃고 함께 살아가는 남편이야말로 세상에서 가장 소중한 선물이다.

소망을 적다, 삶을 그리다(미래)

버킷리스트란 죽기 전에 꼭 한 번쯤 해 보고 싶은 것들을 정리한 목록을 의미한다. 우리말로 표현하면 '소망 목록'이라 부를 수도 있겠다.

나는 단기 계획이나 1년 계획은 자주 세워왔지만, 버킷리스트가 유행할 때도 직접 적어본 적은 없었다. 그런데 황태옥 박사님의 강의에서 주제로 다루어 주셔서, 나의 버킷리스트를 떠올려보고 글로 남길 기회를 얻게 되었다.

우선 중요도나 성취시기를 따지지 않고 5가지를 적어보았다.
〈전소미의 버킷리스트 Best 5〉

✿ 1주일 동안 독서하고 글쓰기(3개월에 1번)
✿ 베트남어 정복하기
✿ 대한민국 해변 둘레길 걷기
✿ 5도 2촌 생활하기
✿ 꾸준히 하루에 6,000보 걷기

❶. 1주일간 독서하고 글쓰기(3개월에 1번)
 인문학 책을 읽다가 '사가독서제'라는 제도를 알게 되었다. 조선 시대에는 공무를 맡은 관리에게 일정 기간 휴가를 주고, 오로지 책만 읽을 수 있도록 한 '사가독서제(賜暇讀書制)'가 있었다.

 지금 생각하면 꿈만 같은 제도다. 조정에서는 관리들에게 억지로 시간을 쪼개 읽으라고 하지 않고, 실제로 시간을 주어 독서를 권했다. 강요가 아닌 권유였기에 그 효과도 더욱 컸다고 한다.
출처: 김종원 작가, 『1일 1페이지 인문학 여행』-

 현대 사회에서는 책을 읽는 사람이 점점 줄어든다고 한다. 스마트폰과 떨어질 수 없는 사람들이 '사가독서제'를 경험한다면 어떤 변화가 생길까? 검색해보니 공무원들에게 독서 휴가를 주는 제도가 아직 존재한다고 하니 다행이다. 요즘은 블로그, 독서 모임 등을 통해 책을 접하는 경우도 많아졌다.

 나 역시 이 제도를 알게 된 뒤, 조만간 나만의 독서 휴가를 가져야겠다고 다짐했다. 빠르면 2026년에 실천할 수 있을 것 같다. 우선 집에 쌓아둔 책부터 읽고, 독후감을 쓰고 다 읽은 책은 기부할 예정이다. 책 욕심에 사두고 아직 펼치지 않은 새 책들이 책꽂이에 가득하기 때문이다.
 실천 방법은 3개월에 한 번, 엄마의 고향집으로 내려가 맑은 공기와 경치를 즐기며 책을 읽는 것이다. 따뜻한 햇살 아래 향 좋은 커피를 곁들여 세상과 잠시 단절한 채 독서 삼매경에 빠져 있는 내 모습을 상상하면 미소가 절로 지어진다.

❷ 베트남어 정복하기

  내가 베트남어에 처음 관심을 갖게 된 것은 2019년 여름, 코로나 이전 베트남 달랏으로 여행을 갔을 때였다. 그 당시에는 호치민에서 국내선을 갈아타야만 갈 수 있었는데 달랏은 해발 2000m 고지에 위치한 프랑스 식민지 시절의 흔적이 남아 있는 도시로, 경치도 아름답고 커피도 유명했다.

  나는 늘 외국 여행을 갈 때 그 나라 언어를 조금이라도 익히고 싶어 했다. 이탈리아 밀라노를 자유여행 했을 때도 미리 이탈리아어를 공부해 갔다. 마찬가지로 달랏 여행을 준비하며 베트남어를 접했다. 사실 나는 영어도 잘 못하고 중국어는 30년째 초급 수준이지만 성조에 익숙해 베트남어는 비교적 쉽게 다가올 수 있었다. 온라인 무료 강의와 교재로 시작했는데, 배우다 보니 꽤 매력적이었다.

  우리나라에도 베트남에서 시집온 여성들과 노동 인력이 많다. 그래서 베트남어를 배워 나중에 문화센터에서 베트남 며느님을 둔 시부모님이나 가족들이 소통할 수 있도록 돕고 싶다는 생각도 했다. 기계 번역기를 쓰지 않고도 가족처럼 대화할 수 있다면 얼마나 좋을까?

  그리고 경북 봉화군 봉성면 창평리에 베트남 마을이 조성되어 있다. 베트남 리 왕조의 후손이 화산 이씨가 800년 전 고려에 귀화해 정착한 집성촌이다. 이 마을은 양국 간 문화, 관광 교육 등 교류의 거점으로 활용하고 우호와 문화교류의 상징적인 공간이 될것으로 전망이 된다

그래서 스마트폰 번역기에 의존하지 않고 생활 언어로 대화할 수 있을 정도로 베트남어를 정복하는 것이 목표다.

❸. 대한민국 해변 둘레길 걷기

 제주도에는 올레길이 있고 육지에도 바다를 끼고 걸을 수 있는 해변 둘레길이 많다. 삼면이 바다로 둘러싸인 우리나라는 참으로 아름다운 나라다. 내륙에는 푸른 숲과 산이 있고 바다와 어우러진 풍경은 더없이 장관이다.

 죽기 전에 우리나라 전역을 두 발로 걸으며 보고 싶다. 매년 두 곳씩 해변 둘레길을 걸어볼 계획을 세웠다. 한국의 아름다운 해변을 눈과 마음에 담아두고, 좋은 추억으로 간직하고 싶다.

❶. 5도 2촌 생활하기

 친정엄마는 고향 시골에서 혼자 지내신다. 아버지가 25년 전 돌아가신 뒤 늘 혼자였지만 바쁘게 지내셨다. 엄마는 도시로 나오실 때 집과 땅을 팔고 떠나셨다가 다시 귀향하실 때는 예전 집에는 들어가지 못하셨다. 대신 친척의 빈집에 살다가 10년 전쯤 아담한 시골집을 마련해 지금까지 생활하고 계신다.

 나 역시 직장생활이 한결 여유로워져 2주에 한 번 정도는 엄마가 계신 시골집에 다녀왔다. 왕복 3시간 거리지만 엄마와 함께 시골에서 보내는 시간은 정겹고 소중했다. 텃밭을 가꾸거나 집안일을 도우며, 고향에 대한 애정도 더 깊어졌다.

 이제 자녀들도 성인이 되어 독립했고 여건이 마련된 만큼 2026년부터는 본격적으로 5도2촌 생활을 하고 싶다. 가장 큰 이유는 올해 여든넷이신 엄마와 더 많은 시간을 보내기 위해서다. 한 해

한 해 달라지는 엄마의 모습에서 세월의 무게를 느낀다.

더 늦기 전에 엄마와 좋은 추억을 많이 만들고 싶다. 좋아하시는 음식도 함께 먹고 텃밭도 가꾸며 후회 없는 시간을 보내고 싶다. 엄마와의 이별 앞에서 후회하지 않기 위해 나는 5도2촌을 버킷리스트에 올렸다.

❺. 꾸준히 하루에 6.000보 걷기

나는 산책하는 시간을 매우 좋아한다. 가까운 곳에 볼일이 있을 때도 도보로 이동을 선호한다. 아마도 운전을 매일 하니까 조금이라도 걸으면서 움직이려고 노력한다. 그리고 하루 중 시간이 주어지면 주변 냇가 혹은 아파트 내 산책로를 1시간 정도 걷는다

한때는 하루 1 만보 걷기가 유행이었다. 사람들은 만보기를 구매하기도 했고 의무적으로 1만보를 채워야 한다는 부담이 있었다. 나도 그 중 한 사람이었다.

지금은 바쁜 일상에 1만보를 걷기는 어려움이 있다. 그래서 꾸준히 하기위해 수치를 낮추었다. 꾸준히 6.000보를 매일 습관으로 걸어보기로 한다.

이렇게 나만의 버킷리스트를 정리해 보았다. 아마 앞으로도 더 많은 소망들이 추가될 것이다. 하지만 지금 이 순간, 글로 적어놓으니 마음이 더 분명해지고 실천할 힘도 나는 것 같다.

바나나 한 조각, 동전 500원(추억)

나의 아버지에 대한 추억을 소환해 보았다. 그 안에는 좋은 기억도 많고, 아픈 기억도 많다. 그중 두 가지 이야기를 나누고 싶다.

첫 번째 사연은 '아버지의 바나나 한 개'

초등학교 6학년 때, 아버지가 잠시 귀국하셨다. 서울에 다녀오신 아버지의 손에는 노란 바나나 한 송이가 아닌, 낱개로 딱 한 개가 들려 있었다. 그 시절은 1980년대 초반. 프로야구가 막 출범하고, 집집마다 컬러 텔레비전이 들어오기 시작하던 때였다.

바나나는 흔한 과일이 아니었고 오직 해외 드라마 '타잔' 속에서 나 볼 수 있었다. 바나나 우유 덕분에 막연히 그 맛을 상상할 수 있었을 뿐이다.

그런 귀한 과일을 아버지는 우리에게 맛이라도 보여주고 싶으셨던 것이다. 당시 가격은 한 송이가 아니라 단 한 개였음에도 3천 원가량 했던 기억이 난다. 짜장면 한 그릇이 300원이던 시절이었으니 얼마나 값진 선택이었는지 알 수 있다.

우리 가족은 그 바나나 한 개를 일곱 조각으로 나누어 먹었다. 입안에 넣자마자 사라졌지만, 부드럽고 달콤한 그 맛은 오래도록 기억에 남았다.

지방 소도시에서 쉽게 구할 수 없던 바나나를 사 들고, 가족의 얼굴을 떠올리며 내려오던 기차 안의 아버지는 얼마나 행복하셨을까.

어린 나에게 바나나 한 조각은 달콤한 맛이었지만 돌이켜보면 그것은 사랑의 맛이었다. 작은 한 입이었지만 아버지의 마음이 가득 담겨 있었고 그 순간은 시간이 흘러도 잊히지 않는다. 지금도 바나나를 바라보면 그날 아버지의 환한 웃음이 내 마음속에서 되살아난다.

두 번째 사연은 '동전 500원의 나쁜 버릇'

안동으로 이사 온 지 1년쯤 되었을 무렵, 우리 가족은 작은 슈퍼를 인수했다. 엄마가 운영을 맡으셨는데 집 안에는 늘 철제 돈통이 있었다.
아직 철이 없던 초등학생 시절, 나는 엄마 몰래 500원짜리 동전에 손을 댄 적이 있었다. 학교에서 집으로 돌아오는 길, 시장 앞에는 떡볶이, 골뱅이, 어묵 같은 유혹의 간식들이 늘 나를 붙잡았다. 결국 몇 번 돈을 훔쳤고 오래 가지 않아 들키는 건 당연한 일이었다.

아버지가 출국하시기 얼마 전, 나는 결국 돈 통에서 500원을 꺼내다 아버지에게 딱 걸리고 말았다. 아버지는 크게 화를 내셨고 "이런 버릇이면 학교에 보낼 수 없다"며 나를 방 안으로 넣었다

남편 없이 고생하는 엄마를 생각하며 자식의 버릇을 반드시 고쳐야겠다고 마음먹으셨던 것 같다. 평소에는 욕 한마디 안 하시던 분이었는데 자식이 훔치는 버릇을 보시니 얼마나 가슴이 아프셨을까.

30분쯤 지났을까 화가 누그러지신 아버지는 내 방에 들어오셔서 "빨리 학교에 가야지" 하시며 자전거를 꺼내셨다. 학교까지는 걸어서 20분쯤 걸렸지만 아버지는 자전거 페달을 힘껏 밟으며 나를 태워주셨다.

어린 나는 고사리 같은 손으로 아버지 허리를 꼭 안았다. 그때의 아버지 심정은 어땠을까. 교육을 무엇보다 중요하게 여기셨는데 곧 다시 몇 년간 타국에서 생활해야 하는 상황에서 자녀들이 바르게 자라주길 바라는 마음이 얼마나 간절하셨을까.

학교 앞에서 나를 내려주며 "늦었으니 빨리 들어가라"고 재촉하시던 아버지. 그 모습이 지금도 선하다. 그러나 아버지는 1999년 위암 수술 후 재발로 환갑을 채우지 못하고 돌아가셨다.

가난을 이겨내고 5남매를 공부시키기 위해 뜨거운 중동 땅에서 땀 흘리시며 우리가 보낸 목소리 녹음과 편지로 외로움을 달래셨

다고 하셨다.

　귀국 후 도시 생활에 잘 적응하지 못하셨지만 고향으로 내려가 농사를 짓고 연구하며 동네 사람들에게 새로운 작물을 권해주셨다. 그래서 "전규성" 하면 누구나 존경을 표하는 분으로 기억된다. 우리에게는 언제나 자랑스러운 아버지다.

　어린 시절 나의 잘못을 단호하게 꾸짖고 다시 따뜻하게 품어주셨던 아버지. 어린 시절의 기억 속에서 아버지는 늘 크고 든든한 존재였다. 노란 바나나 한 개, 500원짜리 동전 하나에도 아버지의 사랑과 배려가 담겨 있었다.

　돌이켜보면, 아버지의 엄격함과 작은 배려가 내 삶의 기준이 되었고, 지금의 나를 만들어 주었다. 그 사랑 덕분에 나는 삐뚤어지지 않고 엄마를 잘 모시며 성실하게 살아가고 있다.

　어린 시절의 작은 기억들이 이렇게 오래도록 마음속에 남아 아버지의 존재와 사랑이 내 삶의 길잡이가 된다. 달콤했던 바나나, 단호했던 500원, 그리고 그 모든 순간의 아버지 미소가 오늘도 나를 지켜주는 작은 빛으로 남아 있다. 오늘따라 유난히 아버지가 보고 싶다.

내 삶의 쉼표, 정아 언니(감사)

50여 년을 살아오며 고마운 분들은 참 많다. 부모님은 두말할 것 없이 늘 감사한 분들이다. 하지만 오늘 이 글에서 마음을 전하고 싶은 사람은, 나의 둘째 언니 정아 언니다.

2023년 사회단체 모임에서 집행부로 봉사하던 중, 친한 지인과의 의견 차이로 큰 스트레스를 받았다. 갱년기 시기와 겹쳐서인지 우울감이 깊어지고 자신감마저 잃어갔다. 결국 우울증 약을 처방받았지만 쉽게 회복되지 않았다. 그때 나를 호주로 초대해, 치유의 시간을 선물해 준 사람이 바로 정아 언니다.

언니와 나는 연년생으로 늘 붙어 다니며 자랐다. 어릴 적 내가 밥을 많이 빼앗아 먹어서인지 초등학교 6학년 무렵부터 내가 언니보다 키가 더 컸다. 그래서 사람들은 종종 내가 언니인 줄 알았다. 둘이 함께 다니면 쌍둥이냐는 질문도 받곤 했다.

물론 다정한 때도 많았지만 티격태격 다투기도 했다. 특히 내가 언니 옷을 입으면 옷이 늘어난다고 화를 내곤 했다. 지금 생각하면 이해가 간다. 특히 니트는 한번 늘어나면 줄이기가 힘들었으니 말이다.

그렇게 함께 자라던 우리는 결혼도 나부터 먼저 하게 되었다. 양보해 준 사람 역시 언니다. 이후 간호사였던 언니는 유학길에 올라 호주에서 형부를 만나 결혼했고 지금은 퀸즐랜드주의 소도시 투움바에 살고 있다.

형부는 은퇴 전까지 공무원으로 재직하며 양국의 교류 행사에도 여러 번 참여하셨다. 언니도 투움바를 방문한 파주시 관계자들에게 많은 도움을 주었다고 한다. 큰언니 또한 결혼 후 호주로 이민을 가서 멜번에 정착해 계신다.

나는 가족의 배려로 3주 동안 호주에 머물며 언니와 시간을 보낼 수 있었다. 한국의 일들을 모두 내려놓고 매일 아침·저녁 30분 이상 산책을 하며 머릿속을 비웠다. 투움바 곳곳에는 울창한 가로수와 푸른 잔디 공원이 있어 자연 속에서 마음이 편안해졌다. 소도시라 혼자 시내를 다녀오는 것도 어렵지 않았다.

또한 큰언니 댁을 방문하기 위해 무려 1500km에 달하는 긴 여정을 차로 이동했다. 장거리 운전을 즐기는 형부 덕분에 차 안에서 잠시 눈을 붙이며 이어진 여행이었다. 끝없이 펼쳐진 대륙의 지평선, 유칼립투스 숲, 목장 근처에서 만난 소 떼 그리고 불쑥

도로로 뛰어드는 캥거루까지 한국에서는 경험할 수 없는 장면들이 잊지 못할 추억이 되었다. 중간 중간 맥도날드에서 맥모닝을 먹고, 공원에서 컵라면과 믹스커피를 즐기던 순간도 소중했다.

3주 동안 정아 언니는 매일 퓨전 요리를 준비해 주었고 저녁에는 형부와 함께 와인을 나누며 담소를 즐겼다. 오팔 광산 여행, 선샤인 코스트 지인 방문까지 함께하며 호주의 다양한 매력을 만끽했다.

그 시간 동안 놀랍게도 불안했던 마음이 점차 사라지고, 예전의 밝은 나로 회복되는 것을 느꼈다. 복잡했던 생각이 정리되고, 가슴이 가벼워졌다. 이것이 진정한 힐링임을, 그리고 가족의 사랑이 가장 큰 힘이 됨을 깊이 깨달았다.

이 글을 빌려, 동생 같기도 한 정아 언니에게 진심으로 감사 인사를 전하고 싶다.

"정아 언니, 덕분에 건강을 회복하고 지금은 행복하게 지내고 있어. 동생이면서도 잔소리 많이 해서 미안해. 앞으로 오래도록 건강하게, 사이좋은 자매로 함께하자. 사랑해."

나의 행복장소(행복)

 가끔 힘겨운 일이 있거나 시간적 여유가 생길 때, 나는 나의 마음을 따라 한 곳을 찾아간다. 대구 북구에 있는 대구 3호선 종점 뒤편에 위치한 작은 공원, '서리지생태공원'이 그곳이다.

 몇 년 전, 맨발걷기학교가 있다는 사실을 알게 되었다. 맨발걷기가 몸에 좋다는 정보를 접했고, 걷기를 좋아하던 나는 집 주변을 검색하다 '서리지생태공원'을 발견했다. 집 근처에서 맨발걷기를 할 수 있다는 사실이 반가웠다.

 처음에는 짧은 거리였지만, 길을 잘 몰라 1년 정도는 차로 다녔다. 집에서 약 3km 거리였지만 충분히 걸을 수 있는 거리라 올

해는 도보로 이동하는 코스를 찾아보았다. 공원 자체는 큰 저수지는 아니지만 둘레길과 조경이 잘 되어 있고 미니 공연장, 어린 자녀가 있는 가족들을 위한 작은 공원도 조성되어 있다. 주차장이 산 중턱에 있어 주차 후 내려오며 바라보는 저수지 전경은 아름다워 가끔 파노라마 모드로 사진을 찍기도 한다.

서리지생태공원의 둘레길에는 마사토가 깔려 있어 맨발걷기에 적합하다. 입구 큰 나무 그늘 아래 벤치에 신발을 가지런히 벗고 걷기를 시작한다. 중간중간 벤치와 정자가 있어 쉬어갈 수 있는 공간도 충분하다.

내가 가장 좋아하는 장소는 저수지 둘레 중간쯤 나즈막한 산으로 올라가는 산길이다. 자연스러운 황토빛의 흙길은 발바닥으로 전해지는 감촉만으로도 기분이 좋아진다. 시간이 날 때면 산 능선 정상까지 왕복으로 2~3회 걷기도 한다.

맨발로 걸으면 머리 아픈 일들을 잠시 잊고 걷는 데만 집중하게 된다. 발바닥에 전해지는 고운 흙의 감촉 완만한 오르막 양옆으로 우뚝 선 나무와 들꽃들이 눈과 마음을 즐겁게 한다.

또한 산책길 끝 그늘 벤치에서 저수지를 바라보면 마음이 평온해진다. 집에서 내려온 커피를 마시며 고민거리를 생각하는 시간은 이곳만의 특별한 여유다. 이렇듯 서리지생태공원은 나의 마음을 평온하게 해주는 장소다. 집 가까이에 이런 공간이 있어 나는 감사하고, 또 행복하다.

서리지생태공원은 걸음을 옮길 때마다 발바닥을 통해 느껴지는 흙의 감촉과 바람에 스치는 나뭇잎, 들꽃의 향기, 물결 위 반짝이는 햇살까지 모든 것이 나의 마음을 다독여 준다.

걷다 보면 고민이나 걱정이 잠시 뒤로 물러나고 '지금 이 순간'에 집중하게 된다. 서리지에서의 시간은 나에게 작은 행복의 샘이 된다. 또한 이곳에서 나는 나를 돌아보는 시간을 갖는다. 산길을 오르며 힘들어도 꾸준히 발걸음을 옮기는 과정 속에서 삶의 어려움과 인내도 조금씩 견디고 이겨낼 수 있음을 배운다.

서리지생태공원은 마음을 회복하고 행복을 찾는 장소가 되었다. 힘든 하루를 마치고 집으로 돌아가는 길에도 서리지에서 느낀 평온과 감사의 마음은 오래도록 내 마음속에 남아 나를 지켜준다. 그리고 나는 오늘도, 시간과 마음이 허락하는 한 조용히 서리지생태공원의 길을 따라 걸으며 나만의 행복을 찾아갈 것이다.

[서리지생태공원 정보]

위치: 대구광역시 북구, 대구 3호선 종점 뒤편

주요 특징 :
자연 친화적 공원으로 조성됨
큰 저수지와 둘레길 있음
어린 자녀가 있는 가족들을 위한 미니 공원과 미니 공연장 있음
산책로와 산길이 있어 다양한 걷기 코스 가능

걷기 환경:
둘레길에는 마사토가 깔려 있어 맨발걷기 적합 입구 그늘 벤치에서 신발 벗고 시작 가능. 중간 중간 벤치와 정자 설치, 휴식 가능
산길은 자연스러운 황토 빛, 부드러운 흙길, 완만한 오르막

추천 활동
맨발걷기
산책 및 자연 감상
사진 촬영 (저수지 전경, 파노라마 가능)
커피와 함께 고민거리 생각하며 마음 다스리기

특징 포인트
산길 능선 왕복 2~3회 가능, 발바닥으로 흙 감촉 느끼며 걷기
저수지 바라보며 마음 평온, 휴식과 사색의 공간
자연과 함께 몸과 마음을 회복할 수 있는 장소

기타 정보
주차장 산 중턱 위치, 주차 후 내려오면서 전경 감상 가능
집 가까이에 있어 접근용이
혼자 또는 가족과 함께 즐기기 적합

5인 5색

넷째 이야기

4장

꿈꾸며 다시 일어서다

▌ 최은경 작가 ▌

- 수성대학교 호텔조리학 전공
- 대구대학교 사회복지학 전공
- 前 신세계푸드시스템 조리사
- 現 Amway Business Owner

▌ 연락처

- 이메일: ssarang1204@gmail.com
- 인스타: ssarang120

숨겨두었던 나를 꺼내며

책을 쓰게 될 줄은 내 인생에서 상상조차 하지 못했다. 어린 시절, 글쓰기는 내 관심 밖의 일이었다. 예전에 '고전이 답했다'는 고명환 작가님의 강연을 들은 적이 있다.

그분도 작가가 될 것이라고는 생각하지 못했지만, 어느 날 책을 읽는 중 문득 자신이 작가인 모습을 그려냈다고 했다. 나는 성인이 되어 책을 읽기 시작했지만 그처럼 수백 권, 수천 권의 책을 읽은 것도 아니었다. 그럼에도 나는 왜 어떻게 이렇게 글을 쓰게 되었을까?

사실 나는 글쓰기에 재능도 취미도 없던 아이였다. 국민학교 3학년 여름방학 때로 돌아가 보면, 그때도 마찬가지였다. 방학숙제로 독후감을 써야 했지만 나는 책 읽기를 싫어했고 모래로 소꿉놀이를 하는 것이 더 좋았다.

독후감은 써야 하고 책은 읽기 싫은 나는 집에 있는 책장에서 무언가를 발견했다. 전국 초등학생들의 독후감을 모아둔 책이었다. 눈이 번쩍 뜨였고 가장 잘 알고 있는 『콩쥐팥쥐』를 읽고 쓴 독후감을 그대로 베껴 적었다. 개학 후, 나는 놀라운 사실을 알았다.

그 독후감은 최우수상 작품이었고 나는 교내 최우수상을 받아버린 것이다. 어린 나는 부끄러움과 당황스러움에 사실을 밝힐 수 없었다. 지금이었다면 아마 표절이라 난리가 날 일이었다.

그 사건이 지나간 지 35년이 흘렀다. 지금 생각하면 그 독후감을 정성껏 쓴 친구가 있었을 것이고 상장을 받기 위해 노력했던 친구들이 있었을 것이다.

그들의 자리를 한순간의 나의 잘못된 판단으로 빼앗아버린 것 같아 미안하고, 회개한다. 그 후로 오랜 시간이 흘러 나는 글을 쓰게 되었다. 돌이켜보면, 그 어린 시절의 실수조차 나에게 글쓰기의 의미와 소중함을 가르쳐 준 사건이 아닐까 싶다.

누군가의 글을 베껴 쓰는 것이 아니라 이제는 온전히 나 자신을 생각하고 나의 이야기를 쓰라는 하늘의 뜻이 아니었을까?

이 자리를 빌려 그 시절 이름 모를 친구들에게 진심으로 사과하고 싶다. "미안했다, 친구들아." 그리고 나는 오늘도 이렇게 말한다. "지금은 말할 수 있다."
 내 이야기, 내 생각, 내 마음을 글로 풀어낼 수 있다는 것. 그때는 몰랐던 책과 글 그리고 나 자신에 대한 존중을 이제는 안다. 그래서 나는 글을 쓴다.

"이제 나는 내 마음을 숨기지 않고, 내 이야기를 글로 말할 수 있다." -최은경-

될 때까지, 나의 꿈

나는 오래전부터 꿈을 생각해왔다. 어릴 적 꿈이라고 하면 그저 '직업'을 떠올렸던 것 같다. 요즘 아이들에게 꿈이 뭐냐고 물어도 대부분 직업을 이야기한다. 나도 그랬다.

하지만 5년 전, 나는 꿈에 대해 완전히 다른 배움을 얻었다. 꿈은 단순히 직업이 아니었다. 하고 싶은 것 해주고 싶은 것 가고 싶은 곳 그런 삶의 소망이 꿈이었다.

나는 그때야 비로소 꿈을 꾸는 법을 배웠다. 사업 속에서 멘토들을 만나고 그들의 삶과 도전을 지켜보면서 꿈을 키우고 지키는 법을 배웠다. 그렇게 나는 내 꿈을 가지게 되었고 꿈을 키우게 되었으며 이제는 그 꿈을 이루고 싶다.

5년 전, 나의 꿈은 작고 소박했다. 수민이와 수찬이의 교육, 부모님께 드리는 용돈, 차 바꾸기, 이사하기, 여행하기 등. 그 모든 것이 나에게는 설렘이었고 행복한 상상이었다.

그리고 상상했던 대로 나는 차를 바꾸고 이사했으며, 부모님께 약소하지만 꾸준히 용돈을 드리고 아이들의 교육에도 최선을 다했다.

작은 꿈들을 이루어가면서 내 꿈은 점점 더 커졌다. 예전의 나였다면 감히 상상조차 못했을 꿈들을 나는 이제 당당히 꾼다. 그리고 그 꿈에는 나만이 아니라, 다른 사람들을 위한 마음도 담겼다. 나는 믿는다. 상상하면 이루어진다는 것을.

지금, 5년이 지난 나는 단순히 나와 가족만을 위한 꿈을 넘어 더 큰 꿈을 꾸고 키운다. 나의 꿈은 나의 사명과 맞닿아 있다. 그것은 내가 하는 네트워크 마케팅 사업을 통해 여섯 가정을 돕고 이를 바탕으로 선교사님들을 위한 숙소를 지으며 하나님 나라 확장을 위해 쓰임을 받는 삶이다.

이 꿈은 나만의 꿈이 아니라 세상을 향한 나의 소명이다. 시간이 지나면 나는 또 다른 꿈을 꾸고 그 꿈을 선포하며 행동하고 도전할 것이다.

인디언들은 기우제를 지낼 때 비가 올 때까지 기우제를 지낸다고 했다. 나는 믿는다. 될 때까지 하면 반드시 이루어진다.
그래서 나는 오늘도, 또 꿈꾸고 도전한다.

"나는 꿈꾸고, 도전하며, 될 때까지 나의 길을 걸어간다."
-최은경-

다시 일어서는 삶

하나. 호기심 많은 아이

 호기심 많던 아이 세상을 알고 싶고, 사람을 좋아하며 하고 싶은 것이 많았던 아이, 바로 나였다. 어느 도시에 무엇이 있는지 궁금했고, 나만의 작은 공간을 갖고 싶었으며 친구들과 어울리는 시간이 좋았다. 피아노, 서예, 자전거, 인라인까지, 하고 싶은 일들이 끝없이 떠올랐다.

 내가 태어난 세상과 환경은 결코 녹록지 않았지만, 그 속에서도 나는 행복했다. 공무원 아버지, 섬유공장 여공이던 어머니, 삼남매의 막내로 자란 나. 내 기억은 대구 북구의 작은 공무원 아파트 1층에서 시작된다.
 아버지의 손재주로 만들어진 앵글 침대 위 언니와 함께 누워 있던 그 공간은 내게 최고의 아지트였다.

새벽에 부엌에서 들려오는 어머니의 도마 소리, 7개의 도시락을 싸던 손길, 옆에서 얻어먹던 김밥의 맛까지 그 모든 것이 내 어린 시절의 행복이었다.

둘. 가족과 나
방학 숙제를 마치지 못한 나를 도와주던 오빠, 애증의 관계였지만 지금은 최고의 친구가 된 두 살 터울 언니, 우리 가족은 그렇게 평범하지만 특별한 일상을 함께하며 나를 키워주었다.

나는 남들이 보는 평범한 가정 속에서 자랐지만 상상 속의 나는 늘 부유한 집의 공주였다. 초등학교 때 배운 피아노를 남들 앞에서 뽐내고 싶었지만 나는 부끄럼이 많은 아이였다. 그때 나는 알았다. 집에 있는 피아노와 친구 집의 그랜드 피아노는 단순한 악기가 아니라 가정의 형편을 보여주는 상징이라는 것을.

청소년기에는 공부를 해야 한다는 이유를 깊이 생각하지 않았다. 친구들과 함께 있는 시간, 맛있는 떡볶이, 소소한 즐거움이 더 중요했다. 그럼에도 운이 좋았던 덕에 성적부진에도 남들이 선망하는 중·고등학교에 입학했다. 나는 그곳에서 공부보다 사회성을 배우는 아이로 자랐다.

셋. 청년기의 책임
대학 진학을 앞둔 시절, 탄탄해 보였던 우리 집 경제 상황은 한 순간에 무너졌다.

20살부터 나는 아르바이트를 하며 용돈을 벌어야 했고, 21살부터 국민연금에 가입하며 학업과 일을 병행했다. 수입의 절반 이상을 어머니께 드리며 가정의 경제를 보탰다.

2년제 대학을 졸업한 후 취업했고 여러 직장을 옮겨 다녔다. 쉬는 날이 거의 없었던 삶, 돈을 벌어야만 유지되는 생활, 그때 나는 끊임없이 살아남아야 하는 현실을 배웠다.

28살, 나는 다시 공부를 시작했다. 일과 공부를 병행하며 사회복지를 전공했지만 그때도 내가 원하는 삶을 찾지는 못했다. 공무원? 교수? 어떤 선택도 내 마음을 설레게 하지 않았다.

넷. 결혼과 육아, 새로운 도전

그때 만난 남편과 결혼하며 나는 처음으로 공부와 일을 손에서 놓았다. 두 아들, 수민이와 수찬이 육아에 몰두하며 아이들이 꿈을 펼칠 수 있도록 뒷받침하는 엄마가 되고 싶었다. 그러나 내 능력으로는 부족함을 느꼈고 나는 단지 육아와 내조에 최선을 다했다. 그러던 중 건강을 챙기고자 시작했던 암웨이 건강기능식품이 나에게 새로운 기회로 다가왔다.

사업을 위한 공부를 시작했고 2년간의 몰입과 노력 끝에 첫째 수민이가 원하는 사립학교에 진학할 수 있는 기회를 만들어주었다.

다섯. 도전하는 삶

나는 지금도 도전하고 있다. 유년 시절의 결핍은 나를 독립적으로 성장하는 아이로 만들었고, 부잣집 공주로 살던 상상력은 기회가 왔을 때 보이는 사람으로 만들어 주었다. 앞으로도 많은 기회와 선택이 나를 기다릴 것이다.

아이에게도 그런 경험이 주어질 것이고 나는 그때 현명한 조언자가 되어 아이와 함께 꿈을 키우는 엄마가 되고 싶다.

나는 도전하는 최은경, 넘어져도 다시 일어서는 최은경으로 살아갈 것이다. 신이 주신 이번 생은 반짝반짝 빛나는 내 삶을 만들어가는 여정이다.

"넘어지고 다시 일어서며, 나는 결핍 속에서도 꿈을 키우고 도전하며 나만의 삶을 만들어가는 멋쟁이다." -최은경-

일상 속 작은 행복

행복했던 순간을 찾는다는 것은 생각보다 어려운 일인 것 같다. 한 주를 되돌아보면 매 순간이 평온하거나 즐거웠던 것만은 아니었다. 힘들고 지쳤던 순간도 있었고 예상치 못한 고민에 마음을 쏟아야 했던 날도 있었다.

그러나 시간이 흐른 뒤 돌아보면 아이들의 울음소리나 걱정스러운 고민은 점점 흐려지고 행복했던 순간들만 선명하게 남는다.

저녁을 준비할 때 거실에서 들려오는 아이들의 웃음소리는 나를 가장 기쁘게 한다. 내 일에 몰두하며 시간을 보내던 순간 집중 속에서 느끼는 성취감과 소소한 기쁨도 행복이다.

내 인연이 된 사람들과 마주 앉아 이야기를 나누며 느낀 따뜻함, 서로의 마음을 이해하고 격려했던 시간도 나를 살아있게 하는 행복이다. 또한 하루를 마무리하며 남편과 나누는 소주 한 잔 속에서 오가는 대화, 아무 말 없이 서로를 바라보는 시간 역시 내 삶의 작은 행복이다.

행복은 일상 속에 묻혀 있는 미처 깨닫지 못했던 작은 순간들에서 찾아온다. 눈을 감고 천천히 떠올려보면 내가 지금 이 순간에도 누리고 있는 것들이 얼마나 소중한지 새삼 느낄 수 있다.

삶은 그렇게 조금씩 기억 속에 행복을 쌓아가며 이어진다. 나는 오늘도 그 행복을 생각하며 하루를 살아간다.

"행복은 멀리 있지 않고, 매일의 순간 속에서 발견되는 선물이다." -최은경-

감사 그리고 사명

6년 전, 나는 단순히 소비자로서 암웨이를 만났다. 그때는 그저 좋은 제품을 사용하는 것에 만족했고, 그 이상은 크게 생각하지 않았다. 그런데 시간이 흘러 세상은 코로나라는 거대한 파도를 맞이했다. 예상치 못한 변화 앞에서,

우리 가족 역시 흔들릴 수밖에 없었다. 특히 남편의 자영업은 위기에 부딪혔고, 나는 매일같이 불안과 두려움 속에 서 있었다.

그 순간, 내 삶 속에 조용히 자리하고 있던 암웨이가 새로운 의미로 다가왔다. 단순한 소비의 차원을 넘어, 기회의 문이 열리고 있다는 사실을 깨닫게 된 것이다. 그 문을 열 용기를 낸 것은 쉽지 않았지만, 그 선택이 내 삶을 바꾸는 시작이 되었다.

코로나 이전까지만 해도 나는 남편의 일을 굳게 믿고 있었다. "우리 가정은 남편의 사업으로 충분히 안정적일 거야"라는 안일한 생각 속에 살았다. 하지만 예상치 못한 상황이 한순간에 찾아왔다. 남편의 일이 흔들리고, 매출이 급격히 줄어들면서 나는 처음으로 내가 믿고 있던 삶의 토대가 무너질 수도 있다는 두려움을 마주했다.

게다가 그때 수민이 4살 수찬이 1살 아이들은 아직 어렸다. 아무것도 모르는 천진한 얼굴로 엄마를 바라보는 아이 앞에서, 나는 더 이상 두려움에만 머무를 수 없었다. "아이를 지켜야 한다. 지금 내가 뭔가 선택해야 한다." 그 결심이 나를 움직이게 했다.

그런 의미에서 나는 오히려 감사하다. 위기가 없었다면 나는 여전히 소비자로만 머물렀을 것이고, 여전히 남편의 어깨에만 모든 무게를 맡겼을지도 모른다. 하지만 그 위기 덕분에 나는 스스로의 가능성을 믿고 선택할 수 있는 용기를 얻었다.

사업을 시작하면서 나는 단순히 경제적인 부분만이 아니라, 나 자신에 대한 새로운 발견을 하게 되었다. 나에게 주어진 달란트가 많다는 것도, 두려움 속에서도 다시 일어설 수 있는 힘, 사람들과 나누고 소통하는 즐거움, 그리고 함께 성장하며 미래를 그릴 수 있다는 확신. 나에게 단순한 사업 이상의 의미였다.

돌아보면, 만약 내가 여전히 소비자로만 머물렀다면 오늘의 나는 없었을 것이다. 암웨이를 기회로 받아들였던 그 순간의 결정이 지금의 나를 만들었고, 그 과정 속에서 나는 수많은 감사의 이유를 찾았다. 위기 속에서 길을 열어주었던 감사, 내 곁을 지켜준 가족에 대한 감사, 그리고 함께 걸어가는 동료들에 대한 감사.

이제 나는 6년의 시간을 지나오며 확신한다.

나의일로 나는 삶의 새로운 가능성을 발견하고, 함께 성장하며, 감사할 수 있는 이유를 찾아가는 여정이라는 것을.

그래서 나는 오늘도 다시 한 번 마음 깊이 다짐한다.
"그 위기 속에 기회가 온 것도, 그 기회를 잡은 것도 감사하다."

#6

엄마의 뒷모습

 "워킹맘"이라는 단어는 지금, 수민이와 수찬이를 키우면서 내게 가장 아프게 다가오는 수식어다. 하지만 언젠가 훗날, 나는 분명 이 단어가 내게 가장 자랑스러운 수식어가 될 것을 믿는다.

 수민이 다섯 살, 수찬이 일곱 달. 어린 아이들을 두고 내 일을 선택했을 때 나는 스스로에게 묻고 또 다짐했다. "아이들은 부모의 뒷모습을 보고 자란다." 그렇다면 나는 아이들에게 어떤 모습을 보여줄 수 있을까? 자기 일에 최선을 다하는 엄마의 모습, 도전에 성공했을 때 기뻐하며 성취감을 느끼는 모습, 하지만 실패했을 때도 다시 일어나 도전하는 모습, 약속을 지키는 모습, 그리고 마음먹은 일은 끝까지 해내는 모습을 보여주고 싶었다.

물론 힘든 순간도 많았다. 사업이 계획대로 되지 않았던 날 수민이와 약속을 지키지 못했던 날 남편과 나, 두 사람 모두 아이들에게 최선을 다 하겠다 다짐했지만 지키지 못해 눈물을 흘리던 날도 있었다. 그럼에도 우리는 믿었다. 우리가 부모로 성장하는 만큼, 수민이와 수찬이도 잘 자랄 것이라는 믿음. 그래서 늘 기도했다.

"수민이와 수찬이가 주도적이고 긍정적이며 배려 깊고 사람과 소통할 줄 아는 아이로 자라게 해주세요." 땅에 떨어지는 기도는 없다고 했다. 나는 늘 기도했다. "하나님, 제가 모든 순간 아이들과 함께하지는 못하더라도, 아이들이 건강하게 자라 꿈을 펼칠 수 있도록 지켜주세요. 저희 부부가 아이들을 올바르게 지지하고, 믿음 안에서 바르게 키울 수 있도록 도와주세요."

그 기도에 응답이 있었다. 2022년, 수민이 일곱 살 여름.

원하던 교육을 시키기 위해 사립학교에 입학시켰지만 이런 저런 상황으로 3학년 1학기에 공교육으로 전학을 해야 했다. 수민이는 새로운 환경에 적응해야 했고, 나는 미안함과 걱정이 마음을 채웠다. 하지만 나는 수민이를 믿었다.

그리고 학기 말, 담임선생님으로부터 받은 한 학기 평가 메시지. "학습 습관이 잘 형성되어 자기 주도적 학습이 가능하며 과제의 목적을 명확히 이해하고 충실히 수행합니다. 창의적이고 논리적 사고를 겸비하며 긍정적인 태도로 친구들과 소통하고 배려 깊은 언어를 사용하는 학생입니다."

'주도적, 이해력, 긍정적, 소통과 배려' 그 모든 것이 내가 기도

했던 모습과 일치했다. 그 순간, 감사함이 가슴 깊이 밀려왔다. 비가 오는 날, 수민이가 전화를 걸어 말했다.

"엄마, 교문에 학부모님들이 많아! 그리고 비가 와!!"

그때 나는 우산을 들고 직접 뛰어갈 수 없었지만 평소보다 더 씩씩한 목소리로 "우산 쓰고 빨리 학원 가"라고 말할 수밖에 없었다. 마음은 아팠지만 나는 다짐했다.

수민이가 꿈을 키우며 인생을 걸어갈 길에서 반드시 꿈을 지지하고 뒷받침해줄 엄마가 되겠다고. 수민이는 나의 기도보다 더 잘 자라고 있었다. 성장하는 모습에 감사했고, 또 믿었다.

수민이와 수찬이는 앞으로도 나의 기도를 뛰어넘어 더 건강하고 밝게, 자신만의 길을 걸어갈 것이라고.

"워킹맘으로서의 도전과 기도를 통해, 나는 아이들의 꿈을 믿고 함께 걸어간다." -최은경-

#7

꿈이 직업이 아니길

　Life는 있지만, Life에 style이 없는 그대들이여. 나는 이렇게 말하고 싶다. "꿈이 직업이 아니었으면 좋겠다." 큰아들 수민이가 여덟 살이었을 때 물었다.

"수민아, 수민이 꿈이 뭐야?"
"나? 목사님!"
"그래? 그럼 진짜 목사님을 만나서 궁금한 걸 물어볼래?"
"정말? 만나게 해줄 거야?"

　그 순수한 눈빛에 나는 교회 목사님께 상담을 부탁드렸고, 목사님은 수민이를 따뜻하게 맞이해주셨다.

"하나님을 더 사랑하고, 학업에 집중하며, 나중에 신학대학원에 가면 되겠구나." 그렇게 수민은 행복한 미소를 지었다.

2년 후, 열 살이 된 수민에게 다시 물었다.

"요즘은 꿈이 뭐야?"
"과학자!"
"그래? 어떤 과학자?"
그 순간 수민은 잠시 머뭇거렸다.

그 모습을 보며 나는 생각했다. '아이의 꿈은 늘 직업에 머물러 있구나.' 사실, 나 역시 그랬다.

어릴 적엔 간호사, 유치원 원장님, 성인이 되어서는 강단에 서는 교수가 되고 싶었다. 하지만 그것들은 환경이 만든 선택이었지, 진짜 내 마음의 소리는 아니었다.

지금의 나는 암웨이 사업을 통해 많은 사람과 소통하며 살아간다. 건강을 위해 찾아오는 사람들과 이야기를 나누다 보면 그들의 육아, 교육, 인생 이야기를 배우게 된다.

대부분은 아이의 공부와 대학, 직업을 목표로 삼고 있었다. 물론 공부는 필요하다. 하지만 나는 생각한다. 그 배움의 끝이 '직업'이 아니라 '삶의 방향'이 되었으면 한다.

대학을 목표로만 공부한 아이들은 입학 후에야 비로소 "이제 나는 뭘 해야 하지?"라는 고민을 한다. 뉴스 속 수많은 '취준생'들이 바로 그 결과였다.

나 역시 그랬다. 성적에 맞춰 진학한 조리과는 즐거웠지만, 취업의 벽은 높았다.

호텔이나 대기업 식당에 들어가기엔 체력이 버거웠다. 다시 취업 준비생으로 돌아왔고, 결국 사회복지학과에 입학해 새로운 길을 찾아갔다. 하지만 여전히 내 가슴을 설레게 하는 일은 없었다.

직업은 있었지만, 꿈은 없었다.

그러던 어느 날, 결혼과 출산을 거치며 만난 암웨이 사업이 내 인생을 바꾸었다. 그 안에서 나는 돈보다 더 큰 것을 얻었다. 바로 '꿈'이라는 단어의 진짜 의미였다.

나는 이제 꿈을 가진 사업가로 살고 있다. 그리고 나처럼 누군가에게 꿈을 전해주는 사람이 되고 싶다. 아이들에게, 부모님에게, 그리고 나 자신에게 "당신의 삶에도 다시 꿈이 피어나길"이라는 메시지를 전하고 싶다.

내가 그리는 미래의 꿈은 구체적이다.

수민이와 수찬이의 이름으로 후원계좌를 만들고, 엄마에게 매달 100만 원의 연금을 드리며, 가족과 뉴욕에서 크리스마스를 보내고, 명절마다 남편과 해외에서 시간을 보내며, 암웨이 사업을 통해 여섯 가정을 성장시키고, 선교사님들의 숙소를 짓고, 3년 안에 십일조 100만 원을 드리는 사람,

10년 안에 지하 1층, 지상 2층의 집을 짓는 것.
이것이 나의 '꿈 리스트'다.

나는 분명한 목표를 가진 암웨이 사업가다. 하지만 그보다 중요한 것은 '꿈을 품은 사람'이라는 사실이다.

아이들에게도 바란다. 어떤 직업을 가지든, 그 안에 꿈과 사랑, 그리고 선한 영향력이 깃들기를.

"수민아, 어떤 과학자가 되고 싶어?"

"엄마는 수민이가 과학자가 되었을 때, 누군가가 '나도 저 형처럼 되고 싶다'고 말할 수 있는 선한 영향력 있는 과학자가 되었으면 좋겠어."

"그럼 내가 좋은 과학자가 되어야겠네?"

"그렇지. 하나님을 믿고, 어려운 사람을 돕고,
공부하고 싶은 아이들을 가르쳐주는 과학자. 멋지지 않니?"

"좋게 생각하겠지?" 단순한 대답이었지만, 그 속에는 분명한 성장의 씨앗이 있었다.

나는 믿는다. 직업은 변할 수 있지만, 세상에 좋은 영향을 주고 싶은 마음은 변하지 않는다.

그리고 이제 나는 또 다른 꿈을 꾼다. 아이들과 함께 버킷리스트를 만들고, 그 꿈을 이루며 하나씩 지워가는 것. 꿈을 함께 키우는 부모가 되는 것이 내 새로운 꿈이다.

어떤 대학, 어떤 직업보다 중요한 건 어떤 삶을 꿈꾸는가이다.

내가 꿈꾸는 삶의 모습이 분명하다면, 대학도, 직업도 그 길 위의 과정일 뿐이다.

나는 오늘도 내가 꿈꾸는 '최은경의 Life Style'을 향해 걷는다. 조금 느려도, 흔들려도, 그 길 위에는 언제나 나의 꿈이 향기로 피어 있다.

5인 5색
다섯째 이야기

5장

향기로운 삶, 아름다운 세상

▎ 전춘화 작가 ▎

- 한국힐링아로마협회장
- 힐라이프평생교육원장
- 대구대학교 글로컬라이프대학 겸임교수
- 30년동안 아로마테라피분야 전문가
- 치유교육프로그램 운영중

▎ 연락처
- 이메일: jch6363@naver.com
- 인스타: jeonchunhwa_heallifw

내 삶은 향기로 물들다

    나는 향기로운 삶 속에서 오랫동안 한 분야에 몸담아 왔습니다. 처음에는 단순히 '향기'가 좋아서 시작했습니다. 그러나 향을 가까이할수록 그 매력에 점점 빠져들었고, 어느새 나의 일상과 생각의 중심에는 '향기'가 자리 잡고 있었습니다.

    하루의 시작도, 끝도, 나의 관심사는 언제나 향기에 관한 것이었기에, 자연스레 전문가의 길을 걷게 되었습니다.

    현재 나는 아로마 협회를 운영하며 수많은 회원들과 함께 '향기 스토리'를 나누고 있습니다. 전문자격증 과정을 통해 전문 인력을 양성하고, 강사 트레이닝 프로그램을 운영하며 협회 강사들이 자격을 갖추고 현장에서 활약할 수 있도록 돕고 있습니다.

이 강사들은 다양한 공공기관과 교육기관, 초·중·고등학교에서 학생들과 학부모를 대상으로 '감정 향수 클래스', '감정 컨트롤 향기 수업', '위(We) 클래스', '원데이 클래스' 등을 진행하며 심리 안정과 감정 조절, 그리고 치유의 향기를 전하고 있습니다.

또한 나는 '힐링'을 테마로 한 평생교육원을 운영하며 지역 주민들과의 학습 연계를 통해 아로마테라피 프로그램을 진행하고 있습니다.

바우처 교육을 통해 더 많은 사람들이 향기를 통한 치유와 안정의 시간을 누릴 수 있도록 노력해왔습니다. 이제 아로마테라피는 나의 일상이며, 삶의 중심이 되었습니다.

특히, 2년 전에는 내가 오랫동안 꿈꾸던 일이 이루어졌습니다. 생활 속의 아로마테라피가 4년제 대학교에서 정식 전공과목으로 채택된 것입니다.

이제는 아로마테라피가 단순한 취미나 체험이 아니라, 이론과 기술, 과학적 근거를 바탕으로 한 학문으로서의 길을 걷기 시작한 것입니다.

아로마개론 수업에서는 향기에 대한 기본 이해와 더불어, 에센셜 오일의 성분, 효능, 특징을 다루며, 향기가 신체와 정신에 미치는 다양한 영향을 학문적으로 탐구합니다.

천연 화학물질의 특성을 활용하여 피부 문제, 스트레스, 호르몬 균형 등 삶 속의 여러 증상을 개선할 수 있는 실질적 방법을 배우게 됩니다.

아로마 창업과 기술 산업화 분야 또한 빠르게 발전하고 있습니다. 이는 단순히 향기 제품을 만드는 것을 넘어, 사람들의 감정과 삶의 질을 개선하는 서비스와 문화를 창조하는 일입니다.

향기를 통해 학교 환경이 더 따뜻해지고, 학습의 효율이 높아지며, 학생들이 감정적으로 안정되는 '향기 테라피 학교 문화'가 자리 잡기를 꿈꾸고 있습니다.

물론, 아직은 아로마테라피를 생소하게 느끼는 학생들이 많습니다. 학교에 처음 아로마 과목이 개설되었을 때의 일은 지금도 생생합니다. 학생들은 '향기 수업이 뭐지?' 하며 고개를 갸웃했지만, 수업이 거듭될수록 그들의 표정이 달라지는 것을 볼 수 있었습니다.

그때의 작은 에피소드들이 지금은 소중한 추억으로 남아 있습니다. 시간이 흐를수록 학교 현장에서도 아로마테라피의 이해와 활용이 더욱 깊어지고, 머지않아 여러 학교에서도 이 분야가 하나의 학문으로 자리 잡게 될 것이라 믿습니다.

이제 나는 30여 년 동안 향기와 함께 걸어온 나의 삶을 책으로 전하고 싶습니다. 그 오랜 세월 속에서 느낀 감동과 보람, 수많은 사람들과 나눈 향기의 이야기들을 더 많은 이들과 나누고 싶습니다.

아로마테라피를 사랑하는 이들뿐 아니라, 삶의 여유와 마음의 치유를 찾는 모든 이들에게 길잡이가 되길 바랍니다. 무엇보다도 내가 전하고 싶은 것은 '향기로운 삶, 건강한 삶, 그리고 행복한 삶'입니다. 평범하지만, 나에게는 너무도 소중했던 나의 인생 이야기 그 발자취를 향기로 남기고자 합니다

향기가 전하는 말

돌아보면, 아로마테라피의 본질은 결국 나눔이었습니다. 처음 향기를 배울 때는 그저 좋은 향, 마음이 편안해지는 향에만 집중했습니다. 그러나 향기는 혼자 즐길 때보다 누군가와 함께 나눌 때 훨씬 따뜻하게 퍼진다는 것을 시간이 지나면서 깨달았습니다.

한 병의 오일에서 시작된 향기가 사람과 사람을 이어주고 마음과 마음을 어루만지는 경험을 여러 번 했습니다.

그 향기를 전하는 순간 저는 단순히 치료자가 아니라 마음을 나누는 사람이 되어 있었습니다.

누군가의 지친 어깨에 한 방울의 오일을 떨어뜨릴 때, 그 따스한 온기가 제 마음까지 번져오곤 했습니다.

한동안 바쁜 일상에 묻혀 봉사활동을 쉬었을 때가 있었습니다. 그때 문득, 향기를 나누지 않는 제 일상이 어쩐지 공허하게 느껴졌습니다. 다시금 손에 오일을 쥐고, 누군가의 손을 잡아주며 향기를 전하던 그 시간들이 얼마나 소중했는지 깨달았습니다. 그리하여 다시 마음을 다잡았습니다.

향기로 위로를 전하고 따뜻한 손길로 마음을 어루만지던 그 나눔의 시간을 다시 이어가야겠다고 다짐했습니다.

봉사는 누군가의 이야기에 진심으로 귀 기울이는 일, 하루를 힘겹게 버티는 사람에게 "괜찮아요"라는 말 한마디를 건네는 일, 그 순간의 향기 한 방울이 그 사람의 마음에 잔잔히 스며들 때 그것이 바로 제가 생각하는 '향기로운 나눔'입니다.

저는 종종 요양원이나 복지센터를 찾아 아로마 테라피 봉사를 합니다. 처음엔 낯선 향에 어색해하던 어르신들도, 시간이 지나면 "오늘은 무슨 향이에요?" 하며 미소를 지으십니다.

어르신의 굳은 손을 부드럽게 마사지하며 이야기를 나누는 동안, 향기보다 더 진한 '사람의 온기'를 느끼게 됩니다. 그 순간 저는 깨닫습니다.

봉사는 내가 누군가를 돕는 일이 아니라, 오히려 그분들이 내 마음을 치유해주는 시간이라는 것을요. 아로마테라피는 제게 단순한 직업이 아닙니다. 그것은 제 삶의 철학이자, 세상과 이어지는 방식입니다. 향기 한 방울에 담긴 자연의 힘은 놀랍습니다.

라벤더의 부드러움, 오렌지의 따스한 기운, 유칼립투스의 청량한 숨결, 이 모든 향이 각자의 이야기를 품고 있습니다. 그 향들을 통해 사람들의 표정이 조금씩 밝아질 때, 저는 삶의 의미를 다시금 느낍니다.

이제 저는 제 인생의 절반 이상을 향기와 함께 살아온 사람으로서, 그 길의 끝이 아니라 또 다른 시작점에 서 있다고 느낍니다. 시간이 흘러도 변하지 않는 것은 '사람의 마음'이고, 그 마음을 움직이는 가장 따뜻한 언어가 바로 '향기'임을 믿습니다.

이 글이 향기를 사랑하는 모든 분들에게 작은 영감과 희망의 향기로 전해지기를 바랍니다. 삶이 때로 지치고 버겁더라도, 하루의 끝에서 은은하게 피어오르는 향기 한 줄기가 누군가의 마음을 다독일 수 있다면, 그걸로 충분합니다.

저는 오늘도 조용히 그리고. 꾸준히 향기의 길을 걸어가고 있습니다. 누군가의 일상에 작은 위로가 되어주고, 그들의 마음속에 따스한 향을 남기기 위해서입니다.

사람은 향기로 감정을 기억합니다. 누군가에게 전달한 향기가 그 사람의 하루와 마음 또는 인생의 수간과 연결되어 오래도록 기억에 남을 수 있습니다.

따뜻한 말 한마디와 함께하는 향기로운 메시지는 때로는 그 어떤 말보다 큰 위로가 됩니다 향기는 단순한 냄새를 넘어 정서적 공감과 위로의 힘을 가지게 됩니다

마음을 치유하는 향기

아로마테라피는 후각을 통해 대뇌 변연계를 자극한다. 이곳은 감정, 기억, 행동을 관장하는 뇌의 중심부로, 향기는 이곳에서 강력한 정신적·감정적 반응을 일으킨다.

콘솔(Console) 은 프랑킨센스, 파츌리, 일랑일랑이 조화된 향으로, 슬픔을 감싸 안고 위로의 손길을 내민다. 마치 누군가 조용히 안아주는 듯한 따스함이 있다.

피스(Peace) 는 베티버, 라벤더, 클라리세이지, 마조람 등이 어우러져 불안과 초조를 잠재우고 마음을 안정시킨다.

포기브(Forgive) 는 용서하지 못한 감정을 풀어주는 향이다. 타인

뿐 아니라 스스로에게도 너그러워지는 시간을 만들어 준다.

모티베이트(Motivate)는 새로운 출발이 필요할 때, 방향을 찾아주고 동기를 불어넣는 향이다.

패션(Passion)은 잊고 지낸 열정을 다시 불러내고, 삶의 활기를 회복시킨다.

치어(Cheer)는 낙담한 마음에 용기를 불어넣고, 다정하면서도 힘찬 격려의 손길을 건넨다.

감정오일 리딩법

감정오일을 고를 때는 단순히 '좋아하는 향'을 선택하지 않는다. 지금의 내 감정이 끌리는 향을 고르는 것이 중요하다. 네 가지 오일의 뚜껑을 열고, 눈을 감은 채 향을 하나씩 맡는다.

가장 끌리는 향을 1번, 그 다음을 2번, 그 다음을 3번, 가장 끌리지 않는 향을 4번으로 정한다.

1번과 2번은 지금 내게 필요한 감정, 3번과 4번은 내가 피하고 있는 감정을 알려준다.

이 과정을 통해 지금의 감정 상태를 읽을 수 있고, 그 향을 통해 마음의 균형을 되찾을 수 있다. 선택한 향으로 나만의 감정 향수를 만들어 손목이나 목 뒤에 바르면 언제든 휴대하며 향기로 나를 다스릴 수 있다.

디퓨저로 방 안에 퍼뜨리면, 공간 전체가 안정의 기운으로 가득 찬다. 시험 전, 발표 전, 잠들기 전… 그때그때 필요한 향기를 선택하면 마음의 파도가 한결 잔잔해진다.

마음을 치유하는 향기

감정오일은 청소년이 감정을 건강하게 표현하고 조절하는 데 큰 도움을 줄 수 있는 자연친화적 방법이다. 억누르지 않고, 억지로 참지 않으면서도 자연스럽게 내 마음의 온도를 조절할 수 있다.

향기 속에는 말로 다할 수 없는 위로가 있다. 그 향기를 통해 마음의 중심을 잡고, 조용히 나 자신에게 말을 건넨다.

"오늘도 잘 버텼어."
"괜찮아, 다시 웃을 수 있을 거야."

감정 아로마테라피는 바로 그런 마음의 언어다. 청소년의 불안한 시기에, 향기는 조용히 다가와 균형 잡힌 마음과 건강한 일상을 선물해준다.

청소년에게 미치는 감정 아로마테라피

하나. 감정 조절 능력 향상

청소년기는 호르몬 변화와 함께 감정 기복이 심해지는 시기입니다. 감정오일(예: 도테라 피스, 밸런스, 패션 등)은 안정감, 평온함, 활력 등의 감정을 유도하여 감정 폭발을 줄이고 자기 조절을 돕습니다.

둘. 스트레스 완화 및 불안 감소

학업, 친구 관계, 진로 등 다양한 스트레스를 겪는 청소년에게 안정감을 주고 불안을 완화시키는 데 도움이 됩니다.
라벤더, 베르가못, 일랑일랑 등이 포함된 블렌드는 심리적 긴장을 풀어줍니다.

셋. 자존감과 자기이해 향상
'모티베이트(동기 부여)', '컨피던스(자신감)' 같은 감정오일은 스스로를 긍정적으로 바라보는 데 도움을 줄 수 있습니다.

자기 감정을 이해하고 표현하는 데 유용한 도구가 되며, 자기수용에 긍정적인 영향을 줍니다.

넷. 수면의 질 향상
청소년기 수면 문제가 많은데, 감정오일을 활용한 아로마 테라피는 숙면 유도에 효과적입니다.
수면 전 라벤더나 베티버 오일을 활용하면 수면의 질을 높이는 데 도움을 줍니다.

다섯. 자연적이고 안전한 정서 관리 도구
화학 약품 대신 천연 식물 성분을 사용함으로써 청소년에게 보다 안전하게 정서 관리를 할 수 있습니다

감정은 몸으로 느낀다

"당신이 감정으로 느끼는 것은 신체적으로도 느낄 수 있습니다."
"당신이 용서하지 못하는 감정을 느낄 때마다 건강상의 문제도 커집니다."

우리가 느끼는 감정은 단순히 마음속의 일이 아니라,
신체의 온도와 생리적 반응에도 직접적인 영향을 미칩니다.
즉, 감정에 따라 체온의 변화가 일어나는 것이지요.

핀란드에서 772명을 대상으로 진행된 연구에 따르면,
'화', '두려움', '혐오감', '행복감', '슬픔', '놀람', '불안', '걱정',

'사랑', '우울', '경멸', '모욕', '자부심', '부끄러움', '부러움' 등 다양한 감정을 느낄 때, 신체의 특정 부위에서 체온의 변화가 나타났다고 합니다.

특히 '우울'과 '경멸', '모욕'을 느낄 때는 체온 저하가 뚜렷하게 관찰되었으며,
이는 부정적인 감정이 삶의 질과 신체 건강에 영향을 줄 수 있음을 보여줍니다.

이처럼 감정은 에너지이며, 그 에너지는 신체 반응으로 드러납니다. 따라서 우리는 감정을 건강하게 다루는 법을 배워야 하며, 그 방법 중 하나가 바로 아로마테라피입니다.

아로마테라피는 긍정적인 감정을 활성화시키고,
신체적·정신적 균형을 회복하는 데 도움을 줍니다.
이는 단순한 향의 즐거움을 넘어, 화학적·감정적으로 접근 가능한 치유의 과학이기도 합니다.

 이럴 때 에센셜 오일은 후각을 통해 대뇌 변연계에 작용하여 정신적·감정적·생리적 반응을 유도합니다.
대뇌 변연계는 냄새, 감정, 기억, 행동 등을 조절하는 뇌의 핵심 영역으로,
향기는 이 영역을 자극해 감정을 안정시키는 역할을 합니다.

1) 기분조절 오일 (Mood Balancing Oils)

기분조절 오일은 심리적 불균형을 "중심점"으로 되돌려 하루를 행복하고 건강하게 보낼 수 있도록 돕습니다.

기분(Mood)이란 육체적 요소와 감정적 요소의 복합체이기에, 몸이 아프면 기분도 나빠지고, 감정이 상하면 몸도 무겁게 느껴집니다.

기분조절 오일은 향기를 흡입함으로써
들뜬 기분은 가라앉히고, 쳐진 기분은 들어 올려줍니다.
즉, 향기만으로도 균형 잡힌 정서 상태를 유지하도록 돕는 것입니다

#6

오일 테스트 방법

1. 기분조절 오일 4개의 뚜껑을 열고 향을 맡습니다.

2. 그날 가장 끌리는 향을 1번, 다음은 2번, 그다음은 3번, 가장 끌리지 않는 향을 4번으로 정합니다.

3. 1번과 2번은 현재 필요한 향(끌리는 오일),

3번과 4번은 부담스럽거나 거부되는 향(끌리지 않는 오일)로 해석합니다.

 주의할 점: 평소에 좋아하는 향을 고르는 것이 아니라,

현재 마음이 가장 끌리는 향을 선택해야 합니다.

감정오일 리딩 순서

1. 뚜껑을 열고 향을 눈을 감은 채 천천히 음미합니다.
2. 각 향이 주는 느낌을 비교하여 더 끌리는 순서로 정리합니다.
3. 끌리는 오일을 앞으로, 덜 끌리는 오일을 뒤로 두고
그 순서에 따라 현재의 기분과 감정 상태를 리딩합니다.

감정오일 활용법

선택된 오일로 나만의 감정 향수(롤온 타입)를 만들어, 손목이나 목 뒤에 발라 수시로 향을 맡을 수 있습니다. 또는 디퓨저로 방 안에 퍼뜨려 편안한 분위기를 조성할 수도 있습니다.

시험 전, 잠들기 전, 스트레스가 심할 때 상황에 맞춰 향을 선택적으로 활용하면 기분과 감정 상태를 조절할 수 있고, 건강한 신체적·정신적 균형을 유지할 수 있습니다.

특히 청소년에게는 심리적 안정과 건강한 일상 유지에 큰 도움이 됩니다. 다만, 에센셜 오일 사용 전에는 반드시 피부 반응 테스트를 하고, 보호자의 지도 아래 사용하는 것이 안전합니다.

작가별 요약

여은주 (방향) / 내 삶을 바꿔준 나침반

인생의 방향을 잃었던 순간, 흔들리는 삶 속에서도 자신만의 길을 찾기 위해 노력하자. 지금 이 순간에도 방황하는 이들에게 희망의 방향, 나침반을 만들자

〈나의 책 만들기〉 수업을 하는 동안 내 마음이 차분히 정리되고, 하루하루 쌓인 기록이 결국 한 권의 책이 되었습니다.

손에 쥔 순간, 작은 성취들이 얼마나 큰 기쁨이 되는지 알게 되었고 그 과정 속에서 예전보다 단단해진 제 모습을 발견했습니다. 이 책은 앞으로 더 큰 도전을 준 소중한 선물이 되었답니다.

이수민 (열정) / 청춘은 계속된다

멈추지 않는 열정과 성장의 시간, 청춘의 아름다움은 완벽함이 아니라 계속되는 과정이다. 그러므로 실패와 좌절을 두려워하지 않고 앞으로 나아가는 의지가 중요하다

〈나의 책 만들기〉 생활 에세이를 쓰며, 내 삶을 천천히 돌아보는 시간을 가졌습니다.

바쁘게 흘려보냈던 순간들이 글 속에서 다시 빛을 찾았고, 쓰는 동안 마음이 차분해지며 감사와 따뜻함이 스며들었습니다.

이제 하루하루가 선물처럼 느껴집니다. 너무나 소중하고 행복했던 네 달이었습니다. 정성으로 지도해주신 황태옥 박사님, 그리고 함께한 네 분의 선생님께 사랑과 깊은 감사를 전합니다.

전소미 (도전) / 꿈으로 일어서다

시련 속에서도 꿈을 붙잡고 다시 일어서는 과정, 인생의 어려움 속에서도 포기하지 않고 꿈으로 다시 일어선다. 꿈이 있을 때 사람은 다시 빛날 수 있다!

〈나의 책 만들기〉 과정을 통해 마흔을 지나며 비로소 책 읽기의 매력을 알게 되었습니다.
시간이 허락할 때면 언제나 내 곁에는 책이 있었고, 그 자연스

러운 흐름 속에서 글을 쓰고 싶은 마음이 피어났습니다.

네 달 동안 글을 쓰며 내면의 생각을 표현하고, 지난 시간을 되돌아보며, 앞으로의 삶이 더 행복해지길 바라는 마음을 담았습니다. 이제는 좋은 글을 꾸준히 남기며 나 자신과의 대화를 이어가고자 합니다. 모두 감사합니다.

최은경 (행복)/ 희망의 순간들

평범한 하루 속에서도 희망은 늘 조용히 곁에 머문다는 사실을, 마음의 평화를 통해 삶의 의미를 찾고 힘든 날에도 마음의 빛을 잃지 않는 법은 엄마이기에 가능하다

〈나의 책 만들기〉 수업을 통해 글을 쓰면서 '나는 어떤 사람인가'를 깊이 돌아보게 되었습니다. 지금까지 어떤 생각으로 살아왔는지, 앞으로 어떤 삶을 살고 싶은지를 다시 한 번 다짐할 수 있었던 소중한 시간이었습니다.

글을 쓰는 동안 스스로를 마주하며, 마음 깊은 곳에서 작은 변화의 씨앗이 조용히 싹트는 것을 느꼈습니다.

전춘화 (향기) / 아로마 향으로 성격 알아보기

아로마테라피를 통해 사람의 마음과 성향을 이해하는 향기 심리 이야기. 향기로운 삶이 곧 건강하고 따뜻한 삶임을 전하며 향기를 통해 자신을 돌아보고 타인을 이해하는 법을 배우자

이번 〈나의 책 만들기〉 과정을 통해 저는 나 자신이 걸어온 길을 글로 정리하며, 그동안의 경험과 마음을 새롭게 바라보는 시간을 가졌습니다.

글을 쓰는 동안 삶의 향기를 다시 느끼고, 일상 속에서 행복을 발견하는 법을 배웠습니다.

또한 글이 누군가에게 큰 힘이 되고, 자신에게는 성찰이 되는 거대한 힘이 있음을 깨달았습니다.

저는 〈나의 책 만들기〉과정을 통해 이렇게 전하고 싶습니다. "삶이 지칠 때, 한 줄의 글이 향기처럼 스며들어 마음을 다독입니다. 여러분도 나의 책 만들기에 도전해보세요"

에필로그

우리는 각자의 자리에서 다른 이야기를 써왔지만, 모두가 한 가지 공통점을 가지고 있습니다. 넘어져도 다시 일어서고, 포기하지 않고 끝까지 해보려는 마음이었습니다.

꿈을 향한 한 걸음, 희망을 놓지 않으려는 의지, 그리고 향기로운 마음으로 세상을 따뜻하게 바라보는 시선 그것이 우리가 함께 쌓아온 이야기입니다.

이 책을 쓰며 우리는 깨달았습니다. 삶을 바꾸는 것은 거창한 일이 아니라, 매일의 작은 선택과 진심 어린 마음이라는 것을요.

서로의 이야기를 통해 우리는 다시 한 번 용기를 얻었습니다. 이 책이 당신에게도 그런 용기가 되기를 바랍니다.

오늘보다 조금 더 나은 내일을 꿈꾸는 모든 이들에게, 이 작은 이야기가 따뜻한 위로와 응원이 되길 바랍니다.